入社1年目から本当に役立つ!

実践MBA式
Master of Business Administration
経営学の教科書

鴨志田 晃
Akira Kamoshida

ぱる出版

プロローグ

◎MBAとは何か

MBAとはMaster of Business Administrationの略。日本語でいえば、経営管理修士というれっきとした修士号のことだ。

もともとは欧米で生まれ、ビジネススクールとして発展してきた大学院が授与する学位のことで、この学位を取得したMBAホルダー（保持者）をMBAと呼んだりもする。

欧米の著名なビジネススクールといえば、ハーバードやスタンフォード（米国）、ロンドン（英国）やINSEAD（スイス）など、ビジネススクールを知らなくてもこれらの学校の名前を一度は聞いたという人もたくさんいるだろう。

ビジネススクールとはビジネスに携わる高度職業人を育成する学校だ。大学学部の4年間の教育だけでは不十分なビジネス教育を行い、ビジネスの現場で通用する人材を育成する。それが、ビジネススクールの本来の目的である。

ビジネススクールというと、日本では専門学校と勘違いする人も多いが、大学院としてのビジネススクールは、実践的な教育と経営に関わる理論の体系的教育。つまりは「理論と実践」を車の両輪とした高等教育機関である。

筆者は、現在、国内にある複数のビジネススクールで教鞭を執っているが、授業の「理論と実践」のバランス具合の調整には常に気を遣う。

学生に理論を教えることは重要だが、理論に偏り過ぎるとビジネスの現場で応用のきかない、まるで実践向きでない教育となる。

かといって、実践中心の議論ばかりでは、さまざまな事象に直面したときに必要な問題解決の基礎的能力は養えない。ビジネススクールが大学院としての役割を果たしながら、高度な経営の専門家を育成する難しさは、まさにここにある。

◎リアルな経営に直面したときに力を発揮するのがＭＢＡ式経営学

この本は、「入社1年目から本当に役立つ！　実践ＭＢＡ式経営学の教科書」と題している。

入学資格に社会人としての実務経験を謳っているところは国内外のビジネススクールに

数多くあるが、実務経験といえば、通常3年以上が必要だ。

では、なぜ3年以上かといえば、1年や2年では、仕事を一通り覚えるだけで精一杯。会社のビジネス全般に関心を寄せる余裕も余りない。しかし、入社して3年も経てば、仕事の要領も覚え、会社の業績がどうだとか、事業運営がこうだとか、社長の振る舞いや言動、部長や課長のマネジメントのあり様、さらには会社の組織や意思決定の速さや遅さなど、いろいろな会社の現実を知ることとなる。

つまり、入社後3年目というのは、目の前の仕事だけに追われていた人が、会社全般や上司や取引先など、ビジネス全般に目覚める時期なのである。

この本は、ビジネススクールで学ぶ経営理論を、ビジネスの「リアルな題材」を通して、理論と実践の垣根を埋めることを狙いとしている。この本が「入社1年目から」と題しているのは、ビジネススクールで学ぶ「3年目」に向けての事前準備という意味を込めている。

ビジネススクールの授業には、マーケティングだの組織経営だの財務会計といった科目が並んでいる。

個々の授業では、もちろん、マーケティングの科目ならば、マーケティングの理論と実践を学ぶ。けれど、実際の経営とは、もっと総体的、総合的なもの。いわば、こうした知識を総動員し、さらには経験と勘と度胸を加味して（こっちの方が実は重要かもしれないが…）行われるものだ。

経営というのは、経営理論がわかったからと言って、うまく行くわけではないし、その逆も真なりである。

けれども、経営理論というある体系的なモノの見方（＝定石）を身につけているのといないのとでは、「リアル」な経営に直面したとき、大きな違いがある。

この本は、ビジネスのリアルなケースを題材にＭＢＡで学ぶべき実践経営学を総合的に俯瞰するための入門書の入門書である。

本書のタイトルに「実践ＭＢＡ式経営学の教科書」とあるが、これは筆者が教鞭を執っているビジネススクールの講義の授業に基づいている。

ビジネススクールの授業では、毎回、多くのケース教材を用いて学生諸君との刺激的な討議を行っているのだが、本書で想定する読者層は、これからビジネススクールで学ぼうと考えている社会人や大学で経営を学んでいる大学生である。加えて、ビジネスのことを学びたいが専門書はどうも、と考えている社会人全般。あるいは、日々、ビジネス現場で格闘を続けている中小企業の経営者や起業を考えているサラリーマンなど、経営学がどう経営に役立つのか知りたいが、きっかけをつかめないでいる多くの人々に手にとってもらえれば幸いだ。

◎経営のカタカナ用語に惑わされず本質を学べ

ビジネススクールのルーツは、欧米にあるとお話ししたが、それゆえか経営学の用語にはやたらとカタカナやアルファベット用語が多い。

ブランドとかコンピテンシーなどの用語は序の口だ。たとえば、マーケティング分野の用語だけでもバイラテラルマーケティング、ステルスマーケティング、リレーションシップマーケティング、パーミッションマーケティング等々、数え上げたらきりがない。

そして、とどめは3C、4P、6P、5Fといったアルファベットの羅列による経営分析フレームワークの用語の多さである。

MBAを取得した社員が、社内の会議の報告でカタカナ用語とアルファベットを乱発して、さんざんの評価だったということをよく聞く。

ビジネススクールの学生諸君は、こうした用語が飛び交う授業ではじめは面食らうのだが、じきに自分でも平気で使うようになる。

いや、こうして覚えた経営論のフレームワークを使わないといけないという強迫観念にかられるか、あるいは、使ってみたいという誘惑にかられてか、集団催眠にかかったように当たり前のように使いだすのである。

もちろん、こうしてビジネススクールで学ぶことは、とてもいいことなのだが、問題はその中身を十分に理解しないで中途半端にわかった気になることだ。カタカナ用語に惑わされて本質を見誤ってはいけないのである。

◎「パワポのプレゼン」の落とし穴——わかったつもりは思考停止に陥る

最近の学生に限らず、企業のビジネス現場の報告になくてはならなくなったのが、パソコンを用いたプレゼンテーションのスタイルだ。

とりわけ、Microsoftのパワーポイントといえば、プレゼンテーションツールの先駆けとして、多くのプレゼンターにとってなくてはならない存在となっている。

しかし、このパワーポイントによるプレゼンテーションというのがくせ者だ。パワポを使えば、カラフルな図や画像を多用できて一見すると誰でもお手軽にプレゼンテーションの達人になったような気にさせてくれる。

しかし、パワーポイントに記述されていない「行間を読む」ことに目が行かなくなって、そこで思考を停止してしまっている人を数多く見かける。

パワーポイントは、物事を単純化して表現するのは得意なのだが、単純化に至るプロセスやそこに存在する様々な前提条件を忘れがちになるという欠点がある。経営者にとって何よりも大切なのは、経営を存続させること。売上からコストを差し引いた残りがプラスでなければ、たちまち倒産してしまう。

経営の本質を深く考えるということは、リアルに経営を考え、経営者としての思考プロセスを共有することだ。ビジネススクールで学ぶ経営理論を本当の意味で理解するということは、そうした思考プロセスのなかでの使い方を学ぶことにほかならないのである。

◎実践的な経営論を身につけるためにリアルな題材で学ぼう

この本では入社1年目からの社員でもわかるように経営の現場で直面するリアルな題材を取り上げて、経営論を実践的に学べるように構成している。

もちろん、入社10年目、20年目の中堅社員にとっても、また、経営を勉強する大学生や大学院生にとっても学べるよう構成している。

前著『なぜ、ラーメン屋の8割が3年で消えるのか？』では、新規にラーメン屋を出店する脱サラを目指すサラリーマン親子を中心にストーリー仕立てで構成したが、この本は、入社3年目のエンジニアと営業、人事の若手社員を中心にストーリーを構成している。

前著でも述べたが、本書で経営論の詳細を学ぶには、余りに紙面が足りない。この本を読んで、もう少しマーケティングやファイナンスを学んでみたいと思った読者の皆さんは、是非とも専門書を手に取って勉強してみることをお勧めする。

こうした勉学意欲旺盛な皆さんのために本書では、巻末にお薦め文献リストを掲載した。こちらのリストも是非、一覧していただきたい。

ＭＢＡが身につけるべきは、カビの生えた経営論ではない。理論と実践の双方をバランスよく学び、経営理論を実践に生かすスキルとナレッジこそが最も大切なことである。

そうした気づきとやる気を本書から見出すことができれば、筆者としてこれ以上の喜びはない。

鴨志田 晃

入社1年目から本当に役立つ！

実践MBA式経営学の教科書

もくじ

プロローグ

MBAとは何か　3
リアルな経営に直面したときに力を発揮するのがMBA式経営学　4
経営のカタカナ用語に惑わされず本質を学べ　7
「パワポのプレゼン」の落とし穴—わかったつもりは思考停止に陥る　8
実践的な経営論を身につけるためにリアルな題材で学ぼう　9

第1章 金のなる木をどう育てるか

★電機メーカー入社3年目の同期3人組集合！【エピソード1】　20
金のなる木と問題児　22
脱サラ起業家の多くが失敗するワケ　25
マーケットを見る、投資を回収する　30

第2章 モノはなぜ、売れなくなるのか

★なぜシャープの経営は傾いたのか【エピソード2】　34
シャープ赤字転落の理由　36

市場がコモディティ化（汎用化）すると不毛な安売り競争になる　39
なぜ、製造業の〝サービス化〟が注目されるのか　40
製造業のサービス化の目的とは何か　42
製造業がサービス化で成功するためには何が必要なのか　46

第3章 成功は模倣できるのか

★サムスンが持っているコア・コンピタンスを
シャープが持っていない、の意味とは？【エピソード3】　50
〝タイムマシン経営〟で成長した日本企業　52
アメリカの成功例を取り入れただけで通用するのか　53
ポーターのポジショニング論　55
パワープレイで敗れたシャープ　58
競争に必要なコア・コンピタンスがなければ戦えない　62
ミンツバーグの戦略類型論と成功パターン　63

第4章 あなたの顧客は誰ですか

★3人は同じチームで新規事業を提案へ！【エピソード4】 68
販売（セリング）とマーケティングの違い 70
良い製品をつくるのが先か、マーケットを知るのが先か 72
STP分析の手法 74
スターバックスのコンセプトをSTP分析してみる 76
ターゲティングと顧客分析 80
ターゲット消費者の戦略化 86
顧客ニーズと差別化ポジション 89

第5章 売れる仕掛けをつくれ

★新型ロボット掃除機をマーケティング提案【エピソード5】 96
マーケティングミックス・4P理論 98
1番目のP・プロダクト 99
小売業のプロダクト戦略 101

２番目のＰ・流通チャネル　103
立地戦略が小売業の成否を左右する　106
立地戦略と商圏　108
３番目のＰ・価格戦略　111
３Ｃ分析のフレームワークを価格戦略に応用　113
アパレルショップの価格戦略　117
４番目のＰ・プロモーション　119

第６章　リピート客を囲い込め

★リピーターをどう増やすかが会社の成長に欠かせない！【エピソード６】　126
顧客戦略と顧客資産　128
新規顧客とＡＩＤＭＡの法則　129
商品特性とＫＢＦ分析　130
ＡＩＤＭＡの法則と自動車販売　134
リピート客が重要な理由　137
ＰＩＭＳから顧客ロイヤリティへ　139

顧客満足の定義と顧客満足マトリクス　141
顧客満足度と顧客ロイヤリティが高まるとどうなるのか　143
クレーム処理のあり方とその影響に関する「ジョン・グッドマンの法則」　146
顧客ロイヤリティと継続的取引の理論　149

第7章 会社を存続させる数字の鉄則！

★新型ロボット掃除機の採算が合うように販売計画を練る！【エピソード7】　154
売上－コスト＝利益の単純構図を忘れない　156
収益管理と損益分岐点分析　157
企業経営における損益分岐点と収益構造の関係　162
行列ができる〝立ち食い〟繁盛店の戦略　165
収益管理とマーチャンダイジング戦略　167
ＡＢＣ分析で売れ筋を知る　168
アパレルショップのＡＢＣ分析とマーチャンダイジング戦略　171

第8章　事業拡大の成功条件

★仲良し3人組の新しい勉強会がスタート!!【エピソード8】　178
事業を拡大するとなぜ失敗を招くのか　180
経営者の役割を認識せよ　181
なぜ、多店舗化するのか　183
戦略ピラミッドの視点で考える　186
現場が大好きな社長の話　188
多店舗経営を支えるシステム化がカギ　190
オペレーション・ノウハウのステム化に成功した「くら寿司」　193
6Ｐマーケティングと人づくり　197
アルバイトの戦力化が重要なワケ　201
顧客ライフサイクルと成長曲線　203
マニュアル作成とシステム化　205
新しい顧客のニーズに対応する　206
ワタミはなぜ失速したのか？　業態の陳腐化にどう対応するか　208

事業拡大の成功条件　209

●推薦図書　213

エピローグ　218

第1章
金のなる木をどう育てるか

★電機メーカー入社3年目の同期3人組集合！【エピソード1】

現在24歳の小峰大は、大手の電機メーカーに入社して3年目の若手エンジニアだ。入社3年目といえば、学生気分もようやく抜けて、会社の仕事がようやくわかってくる頃だ。小峰の勤める電機メーカーは、最近の不況や新興国メーカーの追い上げもあるなか、なんとか業績を回復させ、次なる成長機会を模索しているところである。

今日は、同じ会社で働く仲良し同期3人組で入社時の研修以来、久々に会っている。それというのも、今週は入社3年目の集合研修なのだ。

「おい小峰。最近の仕事はどうだい？」

そう聞くのは、同期の山口悠太だ。山口は、自社の製品を販売する営業マンである。

「そうだな。最近、部品の設計を任されるようになってきたけど、その製品の売上げがどうなのかとか、マーケティングの仕方はどうだとか、技術屋の俺にはよくわからないことが多くなってきたな」

「たしかに…」小峰の一言に山口も、そう言ってうなずきながら話を始めた。

「俺も営業マンとして、入社してから今までは、覚えることも多くて、先輩にいろいろ仕事を教わってきたけど、最近は新製品のこととか、会社の経営方針がどうなのか、とか、営業以外のことも知らないんじゃないかと思っているところなんだ」

「そうね。最近はうちの会社も海外ビジネスに力を入れているし、新しい事業にももっと積極的に取り組まないといけないから、採用も研修も、それを意識しだしているわ」

そう、話し出したのは、もう一人の同期の鈴木樹子だ。

鈴木は、入社以来、人事部に所属して採用や研修などの業務に関わっている。

「こうしてみると、俺たち同じ会社で働いていても、互いの仕事をほとんど知らないし、ましてや会社の経営がどうだとか、今後どうなっていくのかなんて、真剣に考えたこともないよな」

そう、山口が話すと、

「そうね。でもそれではだめだと思うの。私たちはどの部署で働いていても、同じ会社で働いているんだから、それを意識するかどうかは仕事の仕方にも関わるから大切なことよ」

「いずれにせよ。今週はみっちりと研修の一週間だから、いろいろと話ができるね」

小峰がそう言うと、

「そうね。この研修は私たち入社3年組の会社人生を変えるくらい、重要だから、研修にもしっかり参加しましょう」

鈴木は、人事部のスタッフらしく、そう話すのだった。

◆金のなる木と問題児

会社は、いつまでも続く、いわゆる持続可能な存在だ。会社はそのためには、安定的に儲かるビジネスを一つや二つ抱えていることが必要であろう。

経営者にとって、それほど積極的な投資をしなくても、顧客がいて、安定的に売上が上がり、しっかりと稼げる事業があれば、これほどありがたいことはない。

しかし、しっかりと稼げる事業があれば……

しかし、ビジネス環境が目まぐるしく変化する今日、いっときヒット商品を出して勢いのあった会社が、3年もすると経営不振に陥り、あっという間に倒産という事例はけっして少なくない。

どのように経営が順調に見えていても、けっして経営者は安閑としていられないのである。

かつて日経ビジネスが「企業の寿命30年説」というのを特集して「優良企業といえども盛りは30年まで」と大手企業のデータ集計を行って結論付けたが、近頃は、それが5年程度になったといわれるほど、会社の盛衰のサイクルは短くなった。

世界的に著名なコンサルティング会社であるBCG（ボストン・コンサルティング・グ

図表1-1 BCGのプロダクト・ポートフォリオ・マネジメント（PPM）

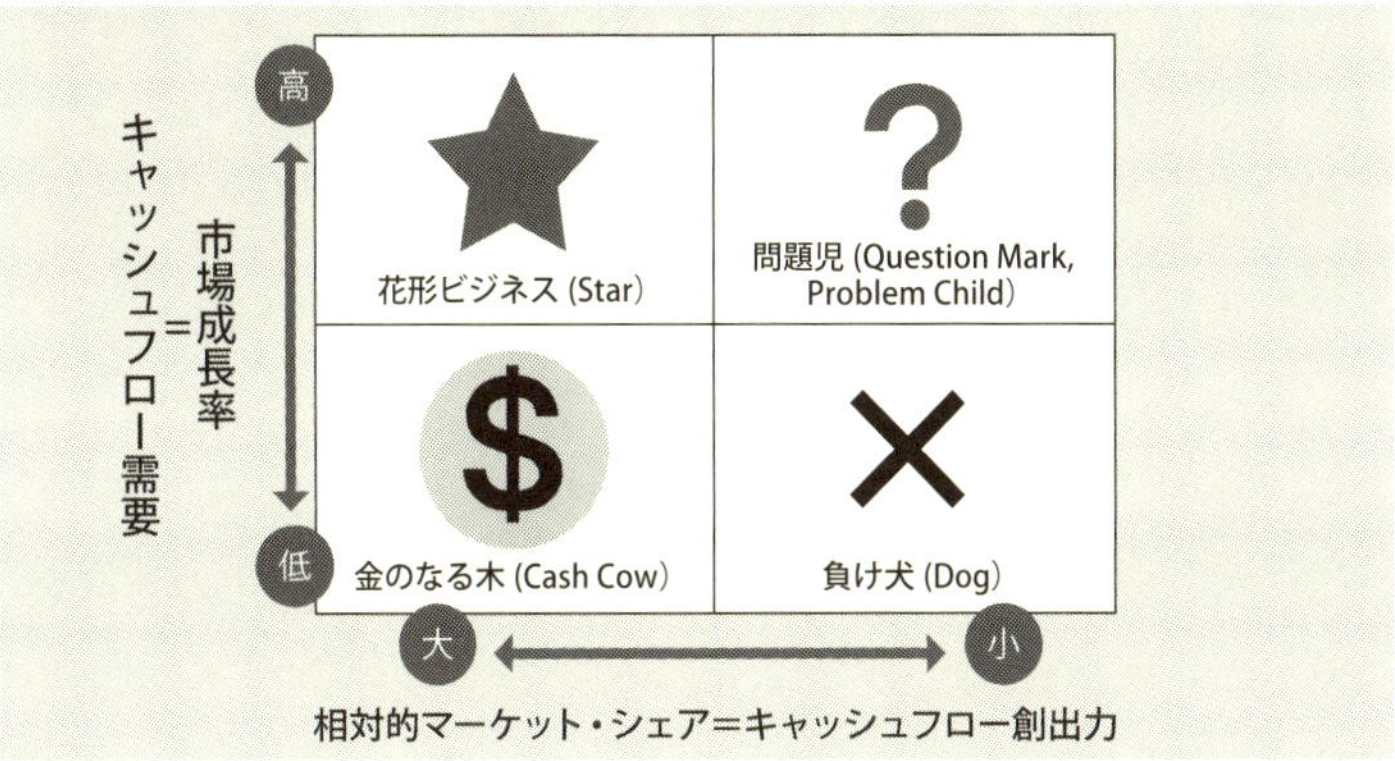

（出典）「BCG戦略コンセプト」水越豊,ダイヤモンド社,2003

ループ）は、いまから40年以上前に「プロダクト・ポートフォリオ・マネジメント（PPM）」という戦略フレームワークを提唱した。PPMは、複数の製品や事業を持つ会社の戦略を「見える化」してくれるツールとして、今日でも重宝されている。

上の図表をご覧いただきたい。

これは、BCGのPPMマトリックスだ。このマトリックスは、横軸に（相対的）マーケット・シェア、縦軸にマーケットの成長率を置いている。

それぞれの軸に基づき対象となる事業（または製品）を4つの象限に分けている。

一番目が「金のなる木（Cash Cow）」だ。金のなる木は、経営者にとって、会社の安定経営のためには是非とも欲しい。

マーケットの成長率は小さくとも、初期投資は償却されているか、追加の投資がほとんど必要ない安定的な事業である。大きな発展は見込めないが、お得意様が付いている老舗の旅館やロングライフの定番商品がこれに該当する。

二番目が「花形ビジネス（Star）」だ。花形ビジネスは、伸び盛りのマーケットで高い成長率を誇り、キャッシュフロー創出力が高い黒字ビジネスである。

まさに会社の花形である。しかし、金のなる木と比べると一般的には、事業規模もまだ小さく、会社の本当の屋台骨になっているとは限らないという位置づけである。

三番目が「問題児（Question Mark）」だ。問題児は、相対的マーケット・シェアは小さく、赤字であることが多い。

しかし、会社にとって、問題児は、排除すべき対象ではない。

問題児は、高い成長率のマーケットを対象とした事業であることから、将来の成長が期待でき、花形ビジネスへの転化が可能な「あすなろ」事業といえるだろう。

その一方で、期待ほどの成長が見込めず、赤字からも脱することのできない四番目の「負け犬（Dog）」に落ちてしまう可能性は十分にある。

つまり、会社が健全な成長発展を遂げる上で、問題児を一定数抱えていることは、「あすなろ」の種をまいておくためにも必要なのだが、同時に、いつまでも芽が出ずに負け犬と認定したならば、事業から撤退する勇気がなければ、会社全体の経営がおかしくなってしまうことになるのだ。

問題児が一つもない会社は、一見すると健全な会社のように思えるが、将来の花形や金のなる木に成長する種をまくこともまた、会社の成長発展のためには必要な投資と捉えることが何よりも大切なのである。

◆脱サラ起業家の多くが失敗するワケ

脱サラ起業家の多くが経営に失敗するといわれる原因のひとつに、甘い事業計画と事業の厳しさに対する認識不足があるだろう。加えて、先を読んで的確な手を打てない、つまりは次々に起こる問題に対応する経営力が足りないことも大きな原因の一つといえる。

事業には１００％の成功保証というものはない。たとえ計画を完璧につくったとしても失敗することはある。それが経営というものだ。

しかし、失敗には必ず原因がある。事業の落とし穴を理解しないで経営に臨めば、失敗のリスクが限りなく高まるし、「何をやってよくて何をやってはいけないのか？」という「経営の定石」を知らずして事業経営はできないのである。

会社を持続的に経営してゆくためには、経営の現実（リアリティ）から目をそらすことなく「経営の定石」に従って、的確な事業経営を行わなければならない。

そのためには、「経営の定石」を学び、理論を実践につなぐ応用思考を身につけることが必要だ。

ここで「店舗経営の戦略ピラミッド」を紹介しよう。

「店舗経営の戦略ピラミッド」は、小売業やサービス業、外食業など、販売拠点を増やしてゆくことで事業規模を拡大する業態において特に有効な戦略フレームワークである。

「店舗経営の戦略ピラミッド」は、会社の戦略を3つの階層で分析する。

図表を参照いただきたい。この図でピラミッドの階層の上から「全社戦略（Corporate Strategy）」、「立地戦略（Location Strategy）」、「店舗オペレーション戦略（Store Operation Strategy）」とある。

いわば、全社戦略が「社長の視点」、立地戦略が「出店担当役員の視点」、店舗オペレーション戦略が「店長の視点」ということになる。

ピラミッドの最も上に位置する「全社戦略」は、経営を5年から10年、さらにはそれ以上の長期の視点から眺め、企業の方向付けを決める。

5年、10年の長期の時間軸で考えると経営の環境は大きく変わり、政治経済や社会は変

図表 1-2 店舗経営の戦略ピラミッド

(著者作成)

わり、街のつくりも繁華街の状況も大きく変わってゆく。

今日では、わずか1年の間でも流行は衰退を繰り返し、ヒット商品も数か月で入れ替わるなど、不変のものを探すのが困難になっている。

商売上手は、時間を味方にし、先読みして人よりも先回りすることでそれに備える。時間を味方にするとは、経営に影響を及ぼす変化の種を3か月、3年、10年というスパンで見つけ出し、先取りすることに他ならないのだ。

そのためには、新しい店舗業態を開発したり、出店を加速させる資金調達をしたり、人材の採用教育をしたり、という「全社戦略」が重要になってくるのである。

次にピラミッドの真ん中の階層に位置するのが「立地戦略」だ。店舗経営の最優先課題は「立地」にあるとさえいえる。店舗を設ける立地周辺の顧客層を知り、自社が提供する商品やサービスがこれら周辺の顧客層のニーズにマッチするのかどうか。立地周辺エリアの顧客数がどの位あって購買力がどの位あるのか、等々、「立地」が店舗経営の基本条件を決定付けるのである。

戦略ピラミッドのベースにあるのは、「オペレーション戦略」だ。店舗オペレーションは、毎日の接客、食材の仕入れ、アルバイトの採用と教育、値付け、店舗の清掃等、店舗経営の最前線の現場そのものである。

店舗オペレーション戦略は、顧客満足度にストレートに影響する。それだけに毎日の経営にとっては最もクイックに対処が求められる階層といえる。

これら3つの戦略のうちで、どれが一番重要かと考えることはあまり意味がない。毎日の店舗経営は、店舗オペレーションが大前提であるのは当たり前だが、どこに新店舗を出店し、どのような店舗デザインにするかを考えるためには立地戦略が重要だし、10年位の長期の視点で事業成長を図るには、全社戦略なしには済まされない。

ここで重要なことは、戦略の「垂直統合」と「水平展開」という考え方だ。

「垂直統合」とは、店舗経営が中長期的に円滑に、かつ発展するために、全社戦略、立地戦略、店舗オペレーション戦略の3つの戦略階層を整合させるマネジメントをいう。

また、「水平展開」とは、店舗間のオペレーション上のばらつきをなくして、店舗の水準を一定以上に保つためのマネジメントをいう。

これら2つのマネジメント機能は、店舗数が多くなるほど、重要度は増してくる。具体的には、こうした機能を担うマネジャー（あるいはスーパーバイザー）をエリア毎に配置して、店舗毎の経営がばらばらにならない工夫が必要になってくるのである。

◆マーケットを見る、投資を回収する

脱サラして起業をしても多くが失敗に終わってしまう、という話をしたが、会社は継続してこそ意味があるとも述べた。

会社を創業して3年持ちこたえたからといって、その後何もしなくても安泰というわけではない。3年で事業を軌道に乗せたら、次の3年を迎えるまでにまた次の課題が浮上してくる。

会社経営の試練は3年ごとにやって来るのが常である。

そのために経営者は、常に2つのことを考えなければならない。

一つは「マーケットを見る」こと、そしてもう一つは「投資を回収する」ことだ。

「マーケットを見る」とは、マーケットを知ること、そして顧客を知ることだ。

店舗経営でいうマーケットとは、店舗の立地周辺の商圏を指す。

コンビニエンスストアであれば、その商圏は通常、半径500メートル。

カフェやサービス系のショップであれば、1キロから5キロ、通常は10キロまではいかないだろう。

そうなると、そこにどのような顧客がいるのか、どのようなニーズがあるのかを知っていなければ、会社の経営はままならない。

そして、「投資を回収する」とは、文字通り、創業のために投じた資金を回収することである。

ビジネススクール的に言えば、そこには必ず「売上」「コスト」「利益」の三大指標が付いて回る。

資金を投じて創業し、「売上」を計上しながら、そこで得たお金から「コスト」を賄う。「コスト」には、人件費や賃借料や製造費など、固定費、変動費、一切合財が会社の経営に消えてゆく。そうして残ったお金が「利益」となり、ようやっと投下資金の回収に向かう。

会社の経営には、P/L(損益計算書)やB/S(貸借対照表)は無論のこと、事業投資、投資回収といった「ファイナンス」の視点もまた重要だ。

第2章以降で、マーケティング、競争戦略、顧客戦略、財務戦略に関する経営の定石について、ビジネススクールで学ぶ経営理論を援用しながら解説を加えていこう。

第１章のまとめ

1.持続可能な存在としての会社は、経営環境が変化しても安定的に稼げる事業を抱えることが重要である。
2.そのためには、現在、安定的に売上があり、利益が出ている「金のなる木」ができるだけ長い寿命を保てるよう経営努力をするとともに、将来、成長が期待できる事業の種をまいて育てる努力が必要である。
3.外資系大手コンサルのボストンコンサルティンググループ(BCG)は、複数の事業や製品を持つ会社の戦略ツールとして「プロダクト・ポートフォリオ・マネジメント(PPM)」を提唱した。
4.PPMは、横軸に相対的マーケット・シェア、縦軸にマーケットの成長率を置いて、その高低の組み合わせで事業や製品を４つの象限に分類する。
5.「金のなる木」は、マーケットの成長率は高くないが、安定的な事業(製品)であるため追加投資は小さく、大きなキャッシュフローを生む。
6.「花形」は、伸び盛りのマーケットで高い成長率を誇り、キャッシュフロー創出力が高い。
7.「問題児」は、相対的マーケット・シェアは小さく、赤字であることが多いが、将来の花形や金のなる木を育てるには、問題児のなかから大きくすることが必要である。
8.つまり、問題児は持続可能な会社が成長発展するために必要な種まきの種と捉えることが必要である。
9.企業経営は「経営の定石」に従うのが基本。「経営の定石」とは「何をやって良くて、何をやってはいけないのか」を知ることである。
10.経営には予測不能な事態が起きる。経営環境は時々刻々と変化する。これらの事態への対応は日頃から経営に織り込む方策が不可欠である。
11.「店舗経営の戦略ピラミッド」は、店舗経営に必要な階層的視点を与える。毎日の店舗運営による顧客満足を目指す「戦略オペレーション戦略」。店舗を出店する商圏を設定する「立地戦略」。中長期の経営方針を考える「全社戦略」。これらを三位一体とすることで継続的な店舗経営が可能となる。
12.経営の基本は「マーケットを見ること」と「投資を回収すること」である。

第2章
モノはなぜ、売れなくなるのか

★なぜシャープの経営は傾いたのか【エピソード2】

「今日の研修で世界の液晶テレビの勢力図の変化について講師の先生が説明していたけど、日本のメーカーは厳しいね」

そう話し出したのは、小峰だった。

「俺は、うちの会社の製品開発に関わっているわけだけど、同じ技術者としてシャープの液晶技術は世界的に見てもかなりの水準だと思ってたんだけどね」

「もちろん、シャープは今でも技術水準は侮れないと思うよ」

そう答えたのは、山口だった。

「でも、後発メーカーの韓国のサムスンやLGの技術水準も向上して、販売力やマーケティング力が重要になったんじゃないかな？」

「そうね。だって、この前、私が旅行でニューヨークに行ったら、タイムズスクエアにある看板なんて、サムスンとかLGとかでいっぱいだったわ」

鈴木がそう言った。

「たしかに、最近、日本のメーカーの海外の進出って韓国や中国のメーカーに負けてるんじゃないかと思うときがあるよ。この前出張で泊まったシンガポールのホテルだって、部屋のテレビはＬＧ製だったしね」

そう話したのは小峰だった。

「そう考えると、シャープの経営が傾いたのは、一体何が理由だったのかしら？」

鈴木がそう言うと、３人は同じ製造業に関わる立場として、他人ごととは思えず、思わず
「うーん…」

と言ったきり、黙ってしまった。

◆シャープ赤字転落の理由

かつて亀山モデルといえば、シャープ製液晶テレビの高品質性を表わす代名詞だった。「液晶といえばシャープ」、「シャープといえば液晶」というほど、シャープは日本で、そして世界で冠たる液晶ブランドであった。

しかし、２０００年代中頃まで飛ぶ鳥を落とす勢いであったシャープが、２０１０年を境に突如として赤字に転落した。そして、２０１５年３月期になっても経常赤字から脱しきれず、同期連結決算で最終赤字額が予想の３００億円を大幅に越えることが発表された（２０１５年3月5日 日本経済新聞より）。

経営苦境に喘ぐシャープに一体、何が起こったのであろうか。

図表2-1は、２００1年と2０１2年の液晶テレビの世界市場シェアを比較した図である。これを眺めてみると、今日の我が国家電メーカーの苦境の原因が透けて見える。

２００1年時点の世界の液晶テレビの市場シェアは、シャープが80・5％と他を圧倒していた。しかし、その11年後の2０１2年はといえば、世界市場のシェアトップは、サムスンの20・1％、次がＬＧエレクトロニクスの13・5％である。そして2０１2年時のシャー

図表2-1 世界市場における液晶テレビのシェア推移

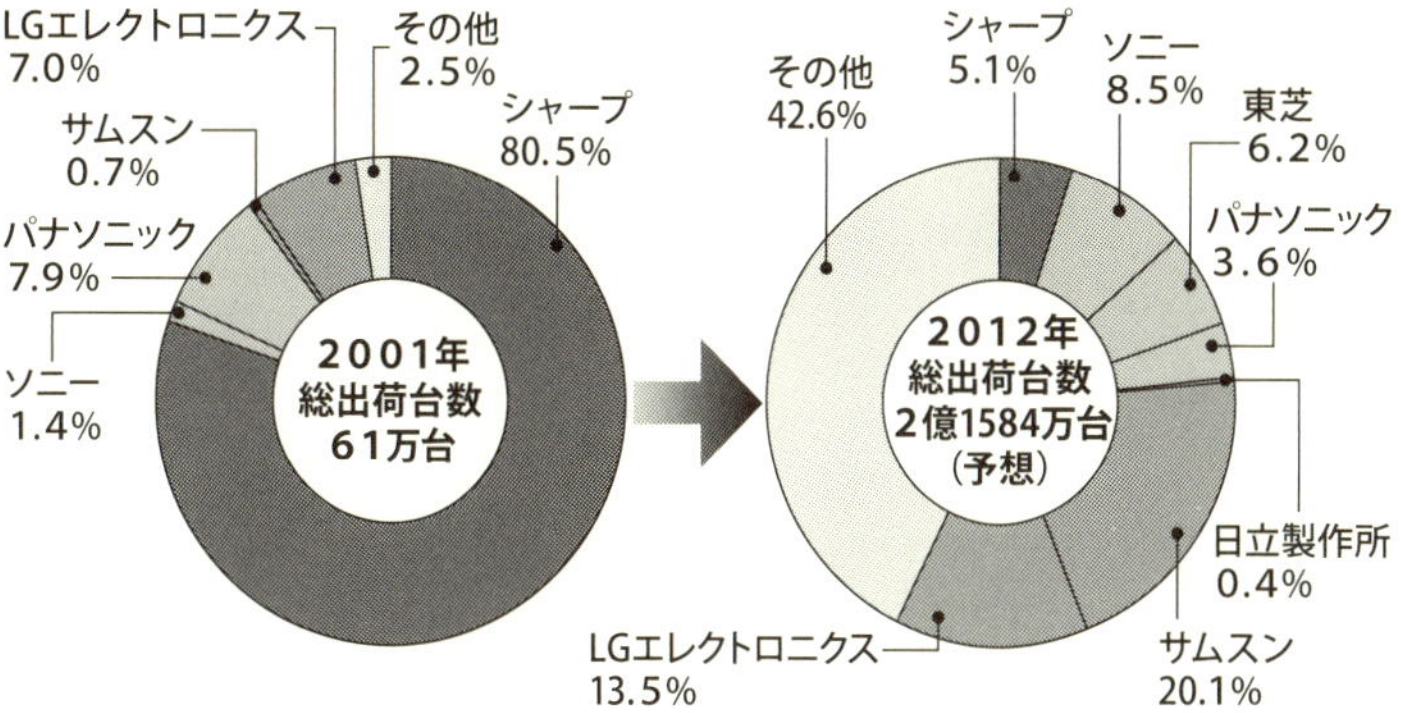

＊シェアは販売台数ベースで、2001年は液晶パネルのシェアを代用。12年のシェアは4～6月期の数値を使用。ディスプレイリサーチ調べ　出典：週刊ダイヤモンド2012年9月1日号

プはといえば、シェア5・1%。これは同じ日本勢のソニー（8・5%）にも抜かれている。

この間に市場で何が起こったのか？

これを読み解くキーワードは、「コモディティ化」だ。

コモディティ化（commoditization）とは、日本語では「汎用化」と訳されるが、コモディティ品を汎用品といえば、この言葉の意味することがわかるであろう。

「コモディティ化」とは、技術や機能面で均質化することだ。

つまり、コモディティ化した市場とは、どのメーカーの製品を買っても技術や機能面で差がない市場のことをいうのである。

液晶テレビを例にとろう。

図からもわかるように2001年時点の世

界の液晶テレビ市場は、その先端的技術を保有するシャープが先頭を走り、他社を寄せ付けない独壇場であった。

しかし、それから11年後の2012年になると液晶テレビの技術が成熟レベルに近づいて、世界市場にはシャープ以外の複数の競合企業が台頭している。

とりわけ、サムスン、LGエレクトロニクスといった韓国勢は、あっという間に市場を席巻し、2012年時点には両社合わせて世界市場の実に33・6%を握る程までになったのである。

こうして見てみると、2001年から2012年までの液晶テレビの世界市場の変化は劇的だ。2001年時点の世界の液晶テレビ出荷総台数は、61万台。それが2012年には2億1584万台へと、実に354倍へと爆発的拡大を遂げた。

一方、シャープは、2001年時点の世界市場における絶対優位な立場を2012年まで持続できず、シェアを大きく落としてしまった。

シャープにおける誤算は、この間、予想をはるかに上回る形で市場が一気にコモディティ化してしまったことだ。すなわち、自社が絶対優位と見られていた液晶テレビの製品技術が少なくとも製品化と消費者の購買レベルでは、ほとんど差異化できなくなってしまったのである。

◆市場がコモディティ化（汎用化）すると不毛な安売り競争になる

一般に市場がコモディティ化すると「価格競争」に向かう。この場合、各社は製品値下げ競争に走り、これに巻き込まれた企業は疲弊してしまう。

一方、価格以外の「非価格競争」を目指す企業は、「付加価値戦略」を選択することになるのだ。

もちろん、どの企業も値下げせずに付加価値で勝負できることが望ましいのだが、こうした付加価値戦略で成功し、高い収益率を誇る企業は、米国アップル社など、ごくわずかである。

シャープの液晶事業が、２０１０年を境に経営が傾きだした直接の原因は、４千億円という莫大な資金投下を行って建設した堺工場（２００９年稼働）で生産する製品が急速に陳腐化し、製品が売れずに在庫が急速に積み上がってしまったことである。

では、シャープとサムスン、ＬＧエレクトロニクス両社との違いは何であったのだろうか？

液晶テレビの世界市場は、２０１０年代に入ると、製品機能や技術では大きな差異化が難しくなり、結果として広告や販促などのマーケティングやローカル市場に合わせたデザインやカスタマーケアが、より重要になった。

そして、市場の変化スピードに合わせた意思決定の迅速化やグローバルなサプライヤーの増加による国際分業化が要請されるなか、シャープは、いずれもうまく対処できなかった。一方、サムスン、LGの両社は市場がコモディティ化して市場が変容しても、新しい競争ルールにうまく適合できたのである。

その違いが世界市場におけるサムスン、LGとシャープの明暗を分けたといえるのだ。

◆なぜ、製造業の〝サービス化〟が注目されるのか

最近、「**サービス化**」という言葉が注目されている。サービス化とは、英語では〝Servitization〟または〝Servicitation〟。英語が母国語のネイティブの人にこの言葉を発しても大方の人は「？？？」という感じであるから、まだまだ一般的な用語ではない。

経営学では、サービスマーケティング、サービスイノベーションという形でサービスに関わる研究が２０００年代以降、脚光を浴びるようになっているのだが、ビジネスを取り巻く環境もサービスを抜きにしては語れない時代に突入しているといえる。

それは、なぜだろうか？

現在、日本をはじめとする主要先進国のGDP（国内総生産）に占めるサービスの割合は、おおよそ7割。その割合は年々高まっている。

それは、消費者のお金の使い途から考えても容易に想像がつくだろう。現代の若者の消費支出のもっとも大きな項目のひとつはスマホの通信費である。

スマートフォンそのものは、ハードウェアの機器で、〝モノ〟なのだが、毎月の通信費は、通信やアプリケーションのサービス利用料金だ。

スマホ以外にもジム通いの費用や趣味のレッスン費用、クルマのメンテナンスサービスや子供の塾の費用など、私たちの身の回りの支出を見回しても、いつのまにかモノの支払いよりもサービスの支払いが増えていることに気づくだろう。

それは会社の売上がモノをつくって販売するだけではなく、サービスの提供によって計上されていることを意味することでもある。

それは製造業も例外ではない。

製造業といえば、今日の日本の繁栄と成長を牽引してきた一番の主役だ。しかし、内閣府の統計によれば我が国の製造業は高度成長期の70年代にはGDP（国内総生産）に占める割合は30％台であったが、２０００年には20％台前まで低下している。

そうしたなか、経済のサービス化やグローバル化、そして日本社会の変化の波を乗り越えながら製造業は大きく進化しているのである。

◆製造業のサービス化の目的とは何か

ここで、「**製造業のサービス化**」の意味することを考えてみよう。

そもそも、サービスとは、英語で「価値の共創（Value Co-Creation）」（ＩＢＭジム・スポーラー博士）と定義される。いわば、サービス化とは顧客の価値を創造する活動を指していて、いわゆる日本語で「サービス」という語感から想像される意味よりはずっと広いのである。

筆者が研究で関わる英国ケンブリッジ大学のアンディ・ニーリー教授は、「製造業のサービス化（servitization）」のことを、製品を単に生産・販売する会社から製品及び周辺のサービスをシステムとして一体化し、顧客にモノ単体を販売する以上の高い価値を提供できる会社に変えることだと定義している。

たとえば、アップル社のiPhoneがiTuneを介してサービスを提供していることなどが典型例だろう。

ここで重要なことは、製品を生産・販売している会社が、付け焼き刃的にサービスを付

図表2-2　製造業のサービス化の目的

経済的合理性 Economic Rationale	1. 成長の機会獲得 2. 利益率の向上 3. 売り上げの安定化
戦略的合理性 Strategic Rationale	1. 顧客のロックイン（囲い込み） 2. 競合相手の排除 3. 差別化（vs. コスト競争） 4. 顧客の要望（技術ノウハウの提供）…
経営環境的合理性 Environmental Rationale	1. 人員等の配置換え

Source: Anderson et al. 1997, Cusumano 2004, Cohen et al. 2006, Ovans 1997, Sawhney et al. 2004, Reinartz et al. 2008, Van Looy et al 2003, Wise et al. 1999, etc.

加しても、それは本来のサービス化ではなく、いずれ失敗に終わるということだ。

上の図は、製造業がサービス化する目的について整理したものである。これによれば、サービス化を目的とする理由を経済的、戦略的、経営環境的な合理性の3つに整理している。

たとえば、三菱電機のエレベータ事業の事例を挙げる。同社は可変速エレベータや世界最高速エレベータなど世界最高水準のエレベータ技術を有している。同時にエレベータの遠隔監視サービスを世界で初めて商品化に成功し、同社が販売したエレベータを対象としてメンテナンスサービスを開始した。

結果、同社のエレベータ事業の売上高利益率は8％を超え（2011年度）、製造業一般の水準を上回る相乗効果をもたらしているのである。

メンテナンスサービスは、子会社の三菱電機テクノサービスが担うなか、同社の業績も好調だ。

同社のサービス化を「製造業のサービス化の目的」の図表2-2に沿って見てみると、毎年の景気変動に直接影響を受けやすい新築ビルのオーナーなどを販売相手とするエレベータ販売事業に対し、エレベータの販売累計数によって着実に売上げを伸ばすことの出来るメンテナンスサービス事業は、成長の機会獲得や売上の安定化、そして利益率の向上という経済的合理性に適《かな》っている。

また、サービスを通じて顧客の囲い込み（ロックイン）や差別化を果たしている点は戦略的合理性を充たしているという訳だ。

しかし、こうした成功をもたらすには、形だけビジネスモデルを真似てもうまくいかないことは、IT業界の事例からも学ぶことができる。

米国IT業界大手のIBM社は、ハードウェア販売中心のビジネスモデル（Box Selling）をソフトやサービス、コンサルティング中心のビジネスモデル（Solution Business）へ転換（いわゆるサービス化）して成功した。いまやIBMの売上げの半分以上をコンサルティングやアウトソーシング事業が占めている。

しかし、同社の成功を横目に、競合他社は容易に追随できず、むしろ、これを模倣できずに大きな損失を被っている。

英国ロンドンビジネススクールで教鞭をとっているゲイリー・ハメル氏は、1990年に共著者のプラハラド氏と共に「顧客に特定の利益をもたらす企業の核心的能力」を「コア・コンピタンス」とする概念を発表した。

ハメル氏らは、会社が市場で競争優位に立つ方法は、自社に内在する組織能力、すなわち、研究開発力やマーケティング力、あるいは資金調達力などのうち、どの能力が対象市場の中で自社の優位性を発揮するかを見極めること。そして、その能力を発揮できる市場選択と戦略を立案実行することだと説明している。

従来、経営学の研究では、マイケル・ポーター氏に代表されるポジショニングという考え方が一般的であった。すなわち、市場を分析し、競合状況を把握した上で、自社が強みを発揮できる市場を探索し、戦略を練る（ポジショニング）というものだ。

これを企業経営の外部環境に着目する議論であるとするならば、近年、注目されているのは、ジェイ・B・バーニー氏による資源ベース理論（Resource Based View）や前述のゲイリー・ハメル氏らのコア・コンピタンス論に代表される企業の内部環境に着目する議論である。

もちろん、外部か内部かという二者択一の議論ではないのだが、近年、こうした企業の組織能力や経営資源などの内部環境に目を向けるようになった背景として「サービス化」の流れがあることをよく理解しておく必要がある。

◆製造業がサービス化で成功するためには何が必要なのか

「製造業のサービス化」への取り組みは、経済のサービス化の進展と密接に関係している。けれども、すべての製造業が、画一的なサービス化に取り組んでも成功はおぼつかないのは明らかだ。

今日の国内の製造業を眺めてみても、好業績を上げている企業は、自社のコア・コンピタンスである優れた技術力を活かして成功している例も多い。

一方、クリス・アンダーソン氏が著わした「メイカーズ」で紹介されているように小型プリンターなどのデジタルツールを駆使して、個人製造業（Personal Fabrication）と呼ぶかつてのITベンチャーに近い発展を遂げている製造業も数多く誕生している。

このほか、米国で誕生したEV（電気自動車）メーカーのテスラ社や英国掃除機メーカーのダイソン社、日本で最近、家電市場に参入したアイリスオーヤマや型破りな発想で注目を集める家電ベンチャーのバリュミューダなど、自社のコア・コンピタンスを踏まえた個性的な製造業も世界各地で誕生している。

21世紀の製造業の未来は、20世紀までの製造業の概念から、もっと多様な形態に進化することが予想される。

「製造業のサービス化」とは、製品を単に生産・販売する会社から脱皮し、顧客に価値を提供するシステム・ソリューションの会社へと転換することであるとするならば、それは、顧客価値に根ざした新しい産業の誕生と捉えるべきなのである。

〈参考文献〉
・『特集　シャープ非常事態』(週刊ダイヤモンド2012年9月1日号)
・Anderson et al. 1997, Cusumano 2004, Cohen et al. 2006, Ovans 1997,
・Sawhney et al. 2004, Reinartz et al. 2008, Van Looy et al 2003, Wise et al. 1999, etc.

第２章のまとめ

1.コモディティ化とは、技術や機能が均質化すること。日本語では「汎用化」と訳される。

2.コモディティ化市場では、どのメーカーの製品も技術や機能面で差がなくなるため、価格競争が起きやすい。

3.コモディティ化市場においては「価格競争」に向かう企業と、サービスやソフトの提供を通した「付加価値競争」に向かう企業に分かれる。

4.日本をはじめとする世界の主要先進国は経済生産の７割以上がサービスによるサービス経済化が進展している。このため、製造業を含むあらゆる産業がサービス化の重要性を認識しだした。

5.製造業がサービス化する目的には経済的・戦略的・経営合理的な合理性という３つの視点から整理できる。

6.多くの製造業がサービス化を志向するなか、成功する企業と失敗する企業に大きく分かれるが、その成否を決めるのは、企業のコア・コンピタンスである。

7.コア・コンピタンスとは、ロンドンビジネススクールのゲイリー・ハメル氏らが提唱した概念で日本語では「核心的競争力」、または「競争優位の源泉」と訳される。その意味は、対象市場のなかで自社が競争優位性を発揮するための組織的能力のことである。

8.製造業は今日、多様化が大きく進展し、小さくても、そのデザイン力やマーケティング力、アイデア力などで世界市場の中で異彩を放つ個人製造業（Personal　Fabrication）が多数誕生している。

第3章 成功は模倣できるのか

★サムスンが持っているコア・コンピタンスをシャープは持っていない、の意味とは？【エピソード3】

「シャープの業績悪化は、市場のコモディティ化の影響が大きいというのはわかったけど、それではどうして、サムスンやLGはうまく対応できたのかなあ？」

小峰はまた、難しい質問を2人に切り出した。

「それは、サムスンやLGが持っているコア・コンピタンスが、シャープにはないということなんじゃないのかなあ」

山口がそう答えると、鈴木は

「さすが、山口君ね。でも、サムスンやLGが持っているコア・コンピタンスの何をシャープが持っていなかったのかしら？」

「大学時代に経営学の授業でポーターの競争戦略論というのを習ったけど、習った内容と今の議論がどうもかみ合わないというか、つながらないんだけど、何が違うんだろう？」

大学で経営学を専攻した山口は、授業で習ったポーターの競争戦略論を持ち出して、さらに話を複雑にしたようだ。

「私もポーターの競争戦略論は大学で習ったけど、それは昨日の研修で出てきたコア・コンピタンスとの関係を整理してみないとわからないように思うんだけど、どうかしら？」

「おいおい、山口君も鈴木さんも大学で経営学を勉強したと思うけど、俺は工学部だから競争戦略論といわれても訳わからないよ」

小峰がそういうと、

「でも、今日は、それについても講義があると聞いてるわ。結論はそれからにしましょう」

鈴木はそういうと、3人は研修に向かった。

第2章では、市場のコモディティ化の波に押し流され、経営が傾いたシャープの事例を紹介した。シャープが世界の液晶技術の最先端を行くなかで、液晶テレビの世界市場で圧倒的優位を誇っていたのは2000年代の初め頃までであった。この頃までは、液晶技術の優位性は、即、市場における競争優位性に結びついていた。しかし、それから10年もしないうちに、シャープは、新興メーカーである韓国のサムスンやLGのはるか後塵を拝し、そのマーケットポジションは著しく低下してしまったのである。

その理由は、この間に世界の液晶テレビ市場における競争ルールは大きく変わり、技術力の優位性ではなく、マーケティング力や投資スピードの優位性が市場を支配する時代になってしまったからだ。

それならば、シャープもサムスンやLGなどの競合相手の強みを分析して、こうした時代に合った戦い方はできなかったのか？　という疑問を持つ読者もいることだろう。

第3章では、「成功は模倣できるのか？」というテーマについて解題していこう。

◆〝タイムマシン経営〟で成長した日本企業

かつて、日本が高度経済成長を遂げていた1970年代。日本企業の経営幹部は、こぞって米国詣でをしていた。その理由は、当時の米国は、いまとは比較できない位に輝いていたし、ビジネスのヒントの宝庫だったからだ。

たとえば、今は亡きダイエーの中内㓛社長をはじめとする当時のスーパーマーケット経営者たちは、米国の流通視察を通して、世界で最も合理的なチェーンオペレーションやフランチャイズの仕組みを学び、自社の経営に活かしていた。今日、日本の小売業界で圧倒的な存在感を誇るセブン-イレブンも、もとはといえば、米国発祥である。

つまり、ビジネスに行き詰まったとき、米国に行けばビジネスのヒントがあり、そこに学んだことを日本で実践すれば、日本でビジネスの成功が可能であったのだ。

このことをソフトバンク経営者の孫正義社長は、「タイムマシン経営」と呼び、彼自身、その手法でたくさんの成功例を日本で具体化している。

◆アメリカの成功例を取り入れただけで通用するのか

では、こうした「タイムマシン経営」は、いまの日本でも通用するのだろうか。

結論からいえば、ほとんど無理だろう。

その理由として真っ先に思い浮かぶことは、米国と日本のビジネス格差の縮小である。

いまから40年以上前の1970年代初めであれば、日本経済はまだまだ発展途上で米国のビジネスから吸収すべきものがたくさんあった。米国流の合理的な経営は、経営という近代的システムをつくりあげる途上であり、豊かさという点でもまだ成長途上であった日本から見れば、憧れの的であった。

しかし、日本もいまや世界の最先進経済大国のひとつとなって、米国との「時間差」を経営リソースとして応用できる時代はとうに過ぎ去ったと考えるべきだろう。

そして、もうひとつ、タイムマシン経営が通用しない大きな理由がある。

それは、ハード中心のモノづくりの経営から、ソフトやサービス中心のサービス経営に多くの産業がシフトしていることに起因している。

たとえばだが、いま、米国企業で日本の多くの企業が憧れる企業といえば、アップルやグーグル、フェイスブックなどの企業を思い浮かべるに違いない。

これらの企業は創業からあっという間に世界市場を席巻して、何十ビリオンダラー、日本円でいえば数兆円の売上規模、株式時価総額を誇る企業へと成長している。

では、日本企業は、これらの企業の何を学べばいいのだろうか？

アップルが、iTuneという音楽や動画ビデオ配信の仕組みを構築し、iPhoneやiPadが爆発的に売れたことは知っている。グーグルが、検索サーチエンジンを開発し、いまや、世界のネットユーザのプラットフォームを提供し、さらなる進化を目指してアルファベットという新たな会社を設立したことは知っている。

だが、それから何が学べるというのだろうか。

少なくとも、かつてのように何かのビジネスモデルやシステムを学べば、日本においてビジネスを成功させられるという訳ではないのである。

◆ポーターのポジショニング論

ビジネススクールや大学で経営学を学んでいる、あるいは経営学に興味のある読者の皆さんであれば、マイケル・ポーター教授の名前を一度は聞いたことがあるだろう。

ポーター教授といえば、ハーバード大学の競争戦略の研究者であり、「ポジショニング論」を唱えた戦略の大家でもある。

ポジショニング論とは、企業が市場において、いかにして「持続的な競争優位性」を獲得するかについて論じるための戦略的フレームワークを示したものだ。

ポーター教授の「ファイブフォース分析」は、企業が参入する業界構造が5つの力(フォース)によって決まるものだとした上で、自社が参入すべき業界と参入戦略を決定しようとするものである。

ちなみに5つの力とは、「新規参入者」「買い手」「売り手」「競争相手」「代替品（製品・サービス）」の5つの力である。（図表3-1参照）

「新規参入者」の力が強いと業界に常に新しい競争者が出現することを想定する必要があるし、「代替品（製品・サービス）」の力が強いと顧客は常に代替品に流れてしまうという可能性を想定する必要がある訳である。

たとえば、厳しい参入規制が存在して大きな資本コストが必要な銀行などは、新規参入者の力は非常に弱いといえるだろうし、ビールから発泡酒へ消費者がシフトしやすいであろうビール業界の代替品の力は強いといえるだろう。

同様に「売り手」の力が強い業界では、原材料や部品の仕入れにノウハウや利権が必要になるであろうし、「買い手」の力が強い業界では、常に買い手からの値下げプレッシャーや高い品質要求に対応する体制や経営が必要になるであろう。

こうした「ファイブフォース分析」を通して、何が明らかになるかといえば、会社が市場で競争上、安定的に優位に立てる業界（市場）とは何か、ということである。

企業経営者は、市場で安定的に競争優位に立つ戦略を求めている。会社を取り巻く環境は、常に変化するので、一時、競争優位のポジションに立ったとしても、それを持続させ

図表3-1 ポーターの5つの力

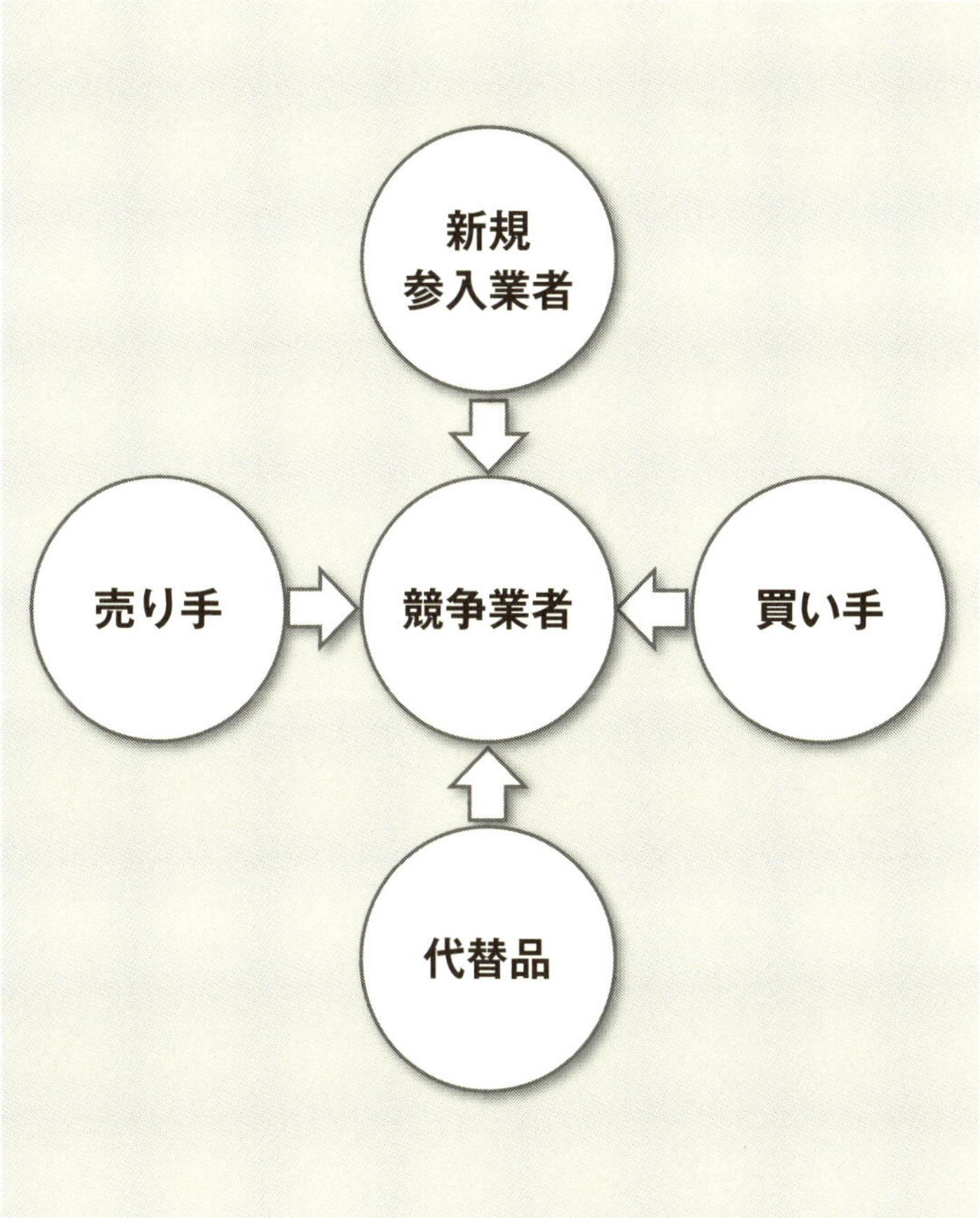

出典：ポーター教授『競争の戦略』入門（ビジネスバイブル）-2004/1
グローバルタスクフォース（著）総合法令

ることは簡単ではない。

そこで、新たに業界（市場）に参入する場合には、成長性や利益率が高いかどうかを検証するのと併せて、自社が安定的に競争優位に立てる業界（市場）の選択を重視する必要があるのだ。

ポーターの戦略論は、基本的には自社の製品やサービスが差別化しやすく、持続的に競争優位性を確保できる業界（市場）を選択することに眼目を置いている。

言い換えると、これから参入する市場でも、既に参入している市場でも自社が戦いやすく、より優位に立てる場所を選択して、その場所に陣取ることが競争戦略の要諦であるということだ。

その意図することは、「ポジショニング」という言葉に凝縮されているのである。

◆パワープレイで敗れたシャープ

では、ポーターの競争戦略論は万能なのだろうか？

もちろん、今日でもポーターの競争戦略論は、重要な理論であるし、ビジネスの世界でも有用であることは否定しない。

しかし、ポジショニング論の限界を露呈するようなケースが、多く見られるようになってきたのも事実である。

ポーターが、「競争の戦略」という本を上梓したのは、いまから20年以上も前のことだが、当時に比べても市場を取り巻く環境の変化は著しい。そもそも、市場変化のスピードは、インターネットなどの情報通信技術の劇的な発達普及によって、当時からは想像もつかない程に速くなっている。市場のグローバル化も、そして経済のサービス化の水準も当時と現在とでは較べるべくもない。

これまで事例で紹介してきたシャープの例でいえば、２０１０年代以降、韓国のサムスンやＬＧにシャープが市場で敗れた原因は、市場のコモディティ化によるシャープの技術優位性の急速な喪失と価格下落の速さである。シャープが最新鋭の大型の液晶工場を大阪府堺市で稼働を始めたのは２００９年。しかし、程なくシャープ製液晶テレビの市場での競争力は下落して、工場投資の資金回収が済む前に在庫の山が積み上がってしまったのである。（図表3-2参照）

もちろん、その直接的な原因はシャープ経営陣の市場の読みの甘さといえるのだが、市場のコモディティ化のスピードは、専門家の予想をはるかに超えるものであったのもまた事実なのである。

図表3-2　シャープの液晶テレビ売上高と在庫の推移

＊液晶パネル在庫は単体ベース
＊シャープ決算資料を基に週刊ダイヤモンドが作成
出典：週刊ダイヤモンド2012年9月1日号

一方、もしも、そのことがわかっていたとしても、シャープの業績は失速しなかったのかといえば、うまく対処したとする根拠も希薄だ。

なぜそうかといえば、既にその少し前から、液晶テレビの世界市場の競争ルールは、変化の兆しを見せていたからだ。液晶テレビで使われる液晶パネルの製造は、半導体の製造に近いといわれている。それは、半導体も液晶パネルも、高精細度、高密度のレベルを高めることと、製造原価を下げることが重要な製品であり、しかも、その競争は3年から5年で一桁下がるといわれるほど激しい競争が繰り広げられていたのである。

これらの製品を製造するメーカーは、市場で、より優位な性能と、より低価格を実現するために数年おきに千億円単位の投資を行ってきた。事実、シャープが最後に稼働させた堺工場の総投資額は4千億円を超えるといわれている。

こうした市場の様相を「パワープレイ」と呼んでいる。パワープレイとは、もともとは、アイスホッケーやサッカーなどスポーツの用語で攻撃に重点化した力業のゲーム手法を指すのだが、ビジネスの世界では、この意が転じて、大きな資金力をてこに迅速果敢な経営判断で一気に攻める経営を意味する。

つまり、液晶テレビの市場は、巨額な投資が必要な変化の激しい市場となっていたという訳だ。

しかし、シャープはこうしたパワープレイのゲームで競争優位性を発揮できたのかといえば、決してそうではない。なぜか？

競合相手のサムスンやＬＧは、創業経営者のＣＥＯがトップダウンで数百億円の投資でも10日もあれば、結論を出す。その一方でシャープは、創業家の早川家は経営から遠ざかり、サラリーマン社長の下、合議制で経営判断を下している。百億円の投資についても1ヶ月では結論は出ず、２ヶ月かかることもあったという。それは、日本のパブリックな上場企業であれば、けっして遅すぎるという訳ではない。

しかし、相手はパワープレイを得意とする企業である。結果は、自ずと出たといっても過言ではないのである。

◆競争に必要なコア・コンピタンスがなければ戦えない

この章のタイトルは、「成功は模倣できるのか」としている。模倣できるのか？　を考えるには、「何を模倣できるのか」ということを考えることでもある。

既に紹介したように、１９７０年代に日本のスーパーマーケットの経営者たちが、米国流の合理的な経営を学ぶために米国視察に行って、模倣したことといえば、チェーンオペレーションやフランチャイズの方法とシステムであった。それは、ビジネスモデルとして模倣し、日本のマーケットに適合するようにうまく改良することで見事に成功したのである。

では、シャープがサムスンやＬＧのようにパワープレイを模倣できるかといえば、それは難しいであろう。なぜならば、両者の会社のコア・コンピタンス（競争優位の源泉、核心的競争力）が大きく違っているからだ。

ポーターの競争戦略論は、ユニークで価値のあるポジションを見つけ、そこに製品やサービスを投入することで競争優位性を確保することを前提としている。

しかし、これまでの議論から、一度確保したポジションでも市場が劇的なスピードで変われば、その立場は不安定化しやすいことや、競争に必要なコア・コンピタンスが自社になければ、そもそも戦えないという事実も明らかになっている。

◆ミンツバーグの戦略類型論と成功パターン

カナダのマギル大学の教授で「戦略サファリ」「マネジャーの実像」などの著者で知られるヘンリー・ミンツバーグは、「戦略類型論」を提唱している。

ミンツバーグは、戦略は、過去のビジネスの意思決定と行動を記述した「パターン(Pattern)」と未来の行動シナリオを規定する「プラン(Plan)」によって構成されるとした上で、未来の成功のイメージを形成するための企業ビジョンを規定した「パースペクティブ(Perspective)」と業界・市場における自社のユニークな立ち位置を決める「ポジショニング(Positioning)」を合わせた4つのPを戦略類型論として論じている。

現在、私はビジネススクールで様々な業種の企業ケースを授業で取り上げて、討議を行っているのだが、常に三段階のケースクエスチョンを学生諸君に投げかけるようにしている。つまり、過去、現在、未来の三段階の分析と議論である。

最初にケースで取り上げた企業の、これまでの成功要因(KSF:Key Success Factor)について過去から現在の発展の経緯をなぞりながら、KSF分析を行う。ここでは、ポーター的なポジショニングの巧拙についても論じるが、むしろ、企業発展の経緯についての経営判断の成否を問いながら、パターンを明らかにすることに注力する。

次に現在、企業が直面している経営上の問題を明らかにした上で、その原因と解決策について議論を行う。

そして、最後に、今後企業が直面する問題を解決し、将来の発展を促すための戦略プランについて議論を行う。

成功をもたらす上で模倣は、時に有効だが（ただし、万能ではない）、それは何も他社を模倣するだけが方法ではない。つまり、自社の過去の成功パターンを再度見直すことによって、市場環境や時代が違っていても、将来の戦略プランに反映できる要素は抽出できる。

ミンツバーグは、経営コンサルタントとして活動している経歴もあり、経営学の研究者のなかでも実務派として知られる。彼は、ポーターのポジショニング論の有効性と限界を肌で感じ、ビジネスの成功に必要な本質的要素としての企業内部の組織や人材などの動向についても言及している。

その点、コア・コンピタンス論を提唱したゲイリー・ハメルや企業のリソース（経営資源）に着目した資源ベース理論のジェイ・B・バーニーなどと学術的には近い立場だといえるだろう。

第３章のまとめ

1.日本の高度経済成長時代、ビジネスの模範を米国のビジネスから学んで日本の経営に活かす「タイムマシン経営」が注目されていた。

2.タイムマシン経営は、当時、日本よりはるかに進んでいた米国流の合理的経営を日本に持ち込むことで、日本でのビジネスの成功を可能とした。

3.しかし、今日ではタイムマシン経営は通用しない。なぜなら、日米の経営システムの水準に差がなくなったこと。そして、模倣しにくいソフトやサービスが経営モデルの中心になってきたからである。

4.ポーターの競争戦略論は、自社の製品やサービスが差別化しやすく、持続的に競争優位性を確保できる業界（市場）を選択することに眼目を置いている。

5.液晶テレビの世界市場は、技術が主導する市場からパワープレイ中心の市場に変容した。これによって、パワープレイを得意とするサムスンやLGが競争優位性を獲得した一方で、シャープは市場での競争優位性を急速に失った。

6.「戦略類型論」で有名なミンツバーグ教授は、実務派の経営学者として異色の存在である。ミンツバーグは、戦略は、過去のビジネスの意思決定と行動を記述した４つのＰ（「パターン（Pattern）」「プラン（Plan）」「パースペクティブ（Perspective）」「ポジショニング（Positioning）」）で説明している。

第4章
あなたの顧客は誰ですか

★3人は同じチームで新規事業を提案へ！【エピソード4】

1週間の研修のメインイベントはマーケティングの提案策定だ。小峰大、山口悠太、鈴木樹子の3人は同じチームで提案を策定することになった。

「研修の一番の山は、このマーケティングの提案策定よ。とにかく頭と足をフル動員して、最高の提案をつくりましょうね」

鈴木は、はりきって小峰と山口の2人にいった。

「そうだね。俺は営業現場で販売とはどういうものか、わかっているから、俺に任せておいてくれ！」

山口は営業マンとしての現場経験がここで活かせると思うと、自信満々の様子でそういった。

「でも、お前が営業マンでがんばっているのはわかるけど、今回はマーケティングの提案だぞ。そのあたりは大丈夫かい？」

小峰が心配そうにそう話し出すと、山口は、

「えっ？　販売とマーケティングって同じ事ではないの？　ようはバンバン売りまくる提案だろ？」

「何をいっているの？　販売とマーケティングは別物よ。あなた、そんなことも知らないの？」

鈴木は、あきれたように話した。鈴木のその一言で3人はしばし、目を合わせながらも、話が途切れてしまった。

明日からスタートするマーケティングの提案策定をどうしようか―。

3人は明日の準備で頭がいっぱいだった。

◆販売（セリング）とマーケティングの違い

ビジネスは、売上げがなければ成り立たない。

――当たり前のことである。

では、その売上げは、どこからもたらされるのか？

これも、当たり前のことであるが、顧客からである。売上げとは、モノかサービスか、なにがしかの価値を提供することで顧客からその対価としての代金をいただく。

では、その顧客は誰なのか？

そう聞かれたならば、「そんなの決まっていますよ。買っていただければ、どなたでもお客様です」と答える人もいるだろう。

もちろん、そうなのだが、それでは、戦略的とはいえないことは、この本の読者の皆さんであればおわかりであろう。

メーカーであれば、ニーズがあり、その製品を買ってくれる人は誰なのか？

製品を販売する相手が誰かを明らかにしないで、開発など行えないことはいうまでもないことだ。

ここで、マーケティングの意味を確認しておこう。

マーケティングという言葉は多くの人が知っている。けれども、マーケティングと販売の違いについて厳密な意味で正しく理解している人は意外にも少ない。

では、販売とは何だろうか？

販売とは、英語で言えばセリング（selling）。モノであれサービスであれ、それを販売するということは、**買い手を見つけて、モノやサービスを提供し、対価として代金をもらう行為**である。

では、マーケティングとは何か？

マーケティングとは、簡単にいえば**モノやサービスが「売れる仕組み」をつくること**だ。

著名な経営学者のP・F・ドラッカーは、「マーケティングの目標は販売を不要にすることである」と喝破《かっぱ》しているが、まさにこのことをいっている。

また、マーケティング研究のカリスマ、米国の経営学者フィリップ・コトラーは、「マーケティングとは顧客のニーズを充たし、自社に利益をもたらすこと」と定義している。

つまり、マーケティングとは、「ターゲットとする顧客層から継続的に売上と利益を獲得する仕組みをつくること」だ。

これに対して、販売とは、モノやサービスを売る相手を見つけ、買ってもらうこと。つまりは、販売する人がモノやサービスをお金に換える行為のことなのである。

◆良い製品をつくるのが先か、マーケットを知るのが先か

「プロダクトアウト」と「マーケットイン」という言葉がある。

プロダクトアウトとは、良い製品をつくれば、市場で売れるとする考え方。

これに対して、マーケットインとは、市場で売れる製品をつくるにはマーケットを知ることが先だとする考え方だ。

両者を比較するとマーケットインの方は、製品を販売するマーケットを知ることから製品づくりをスタートさせるが、プロダクトアウトは、自社の製品開発部門が市場に送り出す製品開発を初めに行い、完成した製品をマーケットで販売するアプローチをとる。

プロダクトアウトがいいかマーケットインがいいかは、業界や扱うモノによってその判断は違ってくる。プロダクトアウトであっても製品開発の途中でマーケット調査をしないわけではない。

重要なのは、「マーケットを見て、製品をつくる」という開発プロセスを現場にどれだけ徹底できるかということなのである。

図表4-1　プロダクトアウトとマーケットイン

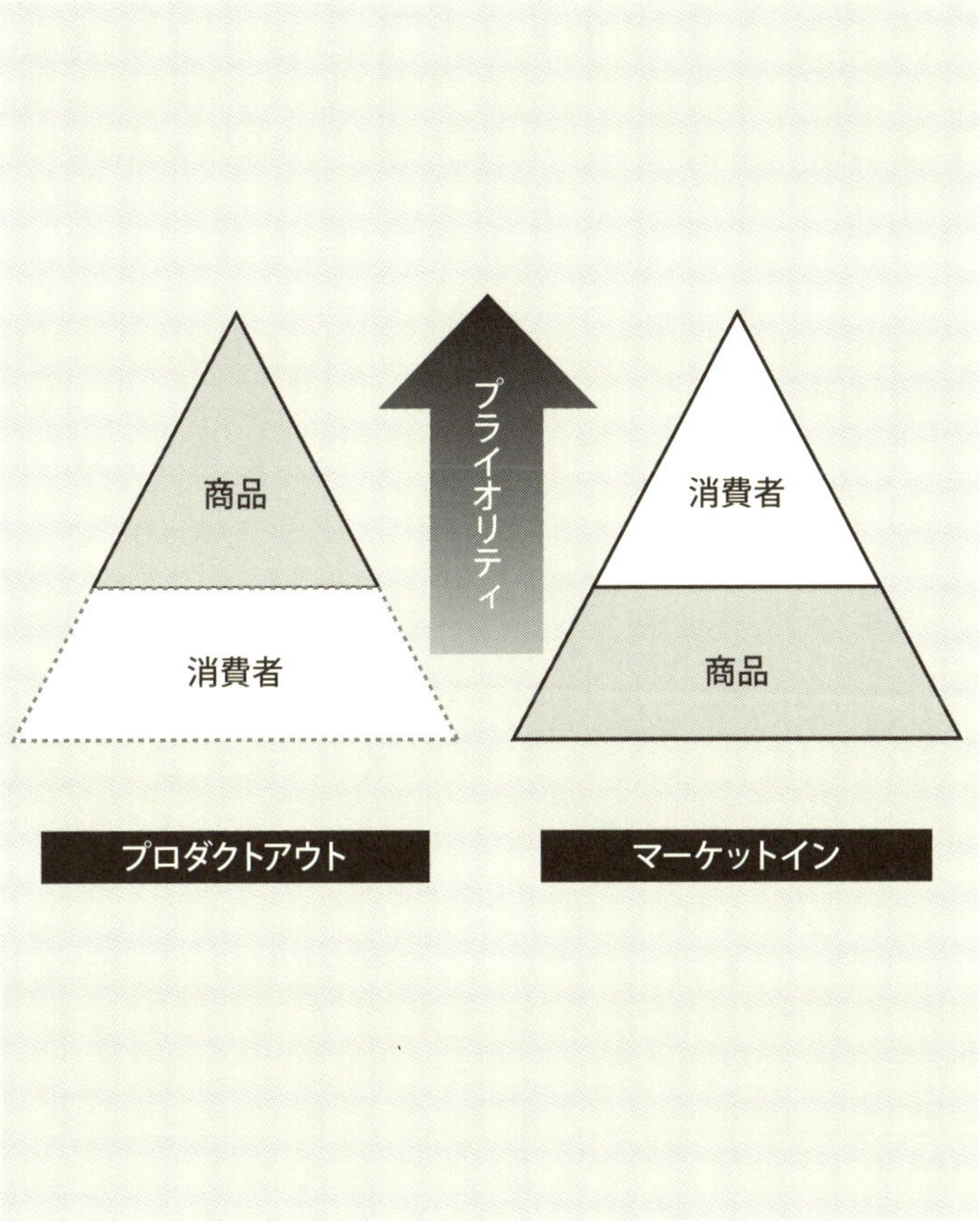

出典：コトラー・P　『マーケティング・マネジメント』プレジデント社,（1983）

では、ここでいう製品は、家電メーカーの場合は何か？

家電メーカーが新製品を開発するにあたって重視するのは、消費者ニーズとなる。

もちろん、この消費者ニーズのなかには、製品の性能やスペックが含まれるが、それだけではない。製品のデザインやカラー、機能や価格、さらにはパッケージングや販売方法、アフターサービスの内容まで多岐に亘る。

これらの要素が互いに絡み合いながら、消費者ニーズを「これなら欲しい。買いたい」と思わせる「ウォンツ」に変換することが何よりも重要になるのである。

ここでは、マーケティングミックスの考え方が非常に有効なのだが（次章で詳細を説明）、マーケティング戦略の立案を通じて、売れる商品を開発するためには、何よりも「誰に買ってもらうのか？」ということを真っ先に設定すること。

つまりは、「誰でも」ではなく、具体的に「顧客は誰か？」を設定することが開発の始まりであることを理解しておく必要がある。

◆ＳＴＰ分析の手法

ここで、マーケティング論でよく取り上げられるＳＴＰ分析の手法を紹介する。

ＳＴＰ分析とは、先に紹介した経営学者のフィリップ・コトラーが提唱した手法だ。ＳＴＰは、セグメンテーション（Segmentation）、ターゲティング（Targeting）、ポジショニング（Positioning）の３つの言葉のアルファベットの頭文字を表わす。

前述の通り、マーケティングは、まず「顧客は誰か？」を定めることから始める必要がある。ＳＴＰ分析は、自社のどのような価値を誰に提供して効果的なマーケティングを行うかを分析する考え方だ。

イメージしやすくするために具体的な事例で説明していこう。

事例は米国発のコーヒーチェーンで日本でも大成功しているスターバックスだ。

スターバックスの事例におけるマーケティングの対象は、新しい店舗コンセプトに基づく業態開発である。

スターバックスは、実質的な創業者であるハワード・シュルツによって創業された。創業からわずか20年余り経った２００８年時点で全世界におよそ1万７０００店、日本国内でも２０１４年度末現在で１０３４店（同社ホームページより）を有する一大コーヒーチェーンである。

スターバックスの店舗コンセプトは、「第３の場所」。それは、家庭でもなく職場でもない、という意味が込められている。

スターバックスが誕生した１９８０年代。米国にはおいしいコーヒーを飲める店はほとんどなかった。

そこに目を付けたハワード・シュルツは、「活きたコーヒー」という真言（マントラ）を掲げ、おいしいコーヒーの提供を始めた。

しかも、家庭でも職場でもない「第3の場所」で、ゆったりとくつろいでもらうことを目指したのである。

スターバックスコーヒーの価格はやや高めだ。一方、店舗には、ゆったりくつろげるソファやテーブルが配置され、接客スタッフの教育は行き届き、80年代の米国のコーヒー水準をはるかに超えるイタリアン・エスプレッソ等の豊富なメニューが取り揃えられている。

◆スターバックスのコンセプトをＳＴＰ分析してみる

さて、スターバックスの店舗コンセプトのＳＴＰ分析をしてみよう。

まず、はじめは「セグメンテーション（マーケットの細分化）」である。セグメンテーション（Segmentation）とは、対象とするマーケットを同質の顧客ニーズを持つ複数のマーケット・セグメントに細分化（セグメンテーション）することだ。

スターバックスの場合でいえば、「『活きたコーヒー』を『第3の場所』でゆったりとくつろぎながら飲みたい」というニーズを持つ顧客層がいるマーケット・セグメントを見つけるということになる。

マーケット・セグメントをどこまで広げ、どこに設定するかという判断は、漁師の投網に似ている。

漁師がどこに網を投げるかによって、魚の種類も収穫できる量も決まる。投網をしない場所にいる魚は獲ることはできないのである。

マーケット・セグメントは、客観的な指標で設定することが必要だ。つまり、「活きたコーヒー」を「第3の場所」でゆったりとくつろぎながら飲みたい顧客は、どのように探すのかを考えてみることだ。

「活きたコーヒーを、第3の場所で、ゆったりとくつろぎながら飲みたい顧客」などを探してくるのも大変だ。

マーケット・セグメントとは、こうしたニーズを持つ顧客層が多数いる場所を客観的に示す問題として捉え直すことが必要なのである。

再び、漁師の投網の事例で考えてみよう。

漁師は、最高級の本マグロが獲れる漁場は、日本近海のこの海域、サンマが大量に獲れる漁場は、夏が北海道、道東沖、秋は三陸沖、11月は福島から千葉の海域というように時期と海域の場所で特定できる。

これをマーケット・セグメントの指標の問題に当てはめてみると、マグロやサンマが獲れる場所、というのが直接的な指標。これに対して、「夏場の北海道、道東沖」というのが間接的な指標なのである。

漁場における「時期」と「場所」という間接的な指標は、同時に客観的指標であり、それによって誰もが漁場を特定することができるわけだ。

一般にマーケット・セグメントを特定する指標として「社会経済的指標」、「地理的指標」、「心理的指標」、「購買行動的指標」などを採用し、客観的に誰もが特定できる形でセグメンテーション（細分化）してゆく。

ここでいう社会経済的指標とは、年齢、性別、収入、職業、学歴などを用いてセグメンテーションすることを意味する。

同様に、地理的指標は、居住地域、地域特性（市街地・郊外・オフィス街・商店街等）など。

心理的指標は、ライフスタイルや新しもの好きなパーソナリティなど。購買行動的指標は、ブランドロイヤリティや購買頻度などとなる。

図表4-2　STP分析の具体例（スターバックス1990年代）

**ターゲットは高学歴・高収入で
都会のオフィス街などで働くキャリアウーマン**

セグメンテーションの指標		ターゲット
地理的指標	居住地	オフィス街周辺
	都市規模	都会
社会経済的指標	年齢	20～40代
	性別	女性
	ライフステージ	独身
心理的指標	ライフスタイル	ホワイトカラー
	ニーズ	出勤前（テイクアウト）、昼食時、仕事帰り（サードプレイス環境でゆったり味わいたい）
購買行動的指標	利用機会	ビジネスシーン、プライベート
	使用者状態	リピート

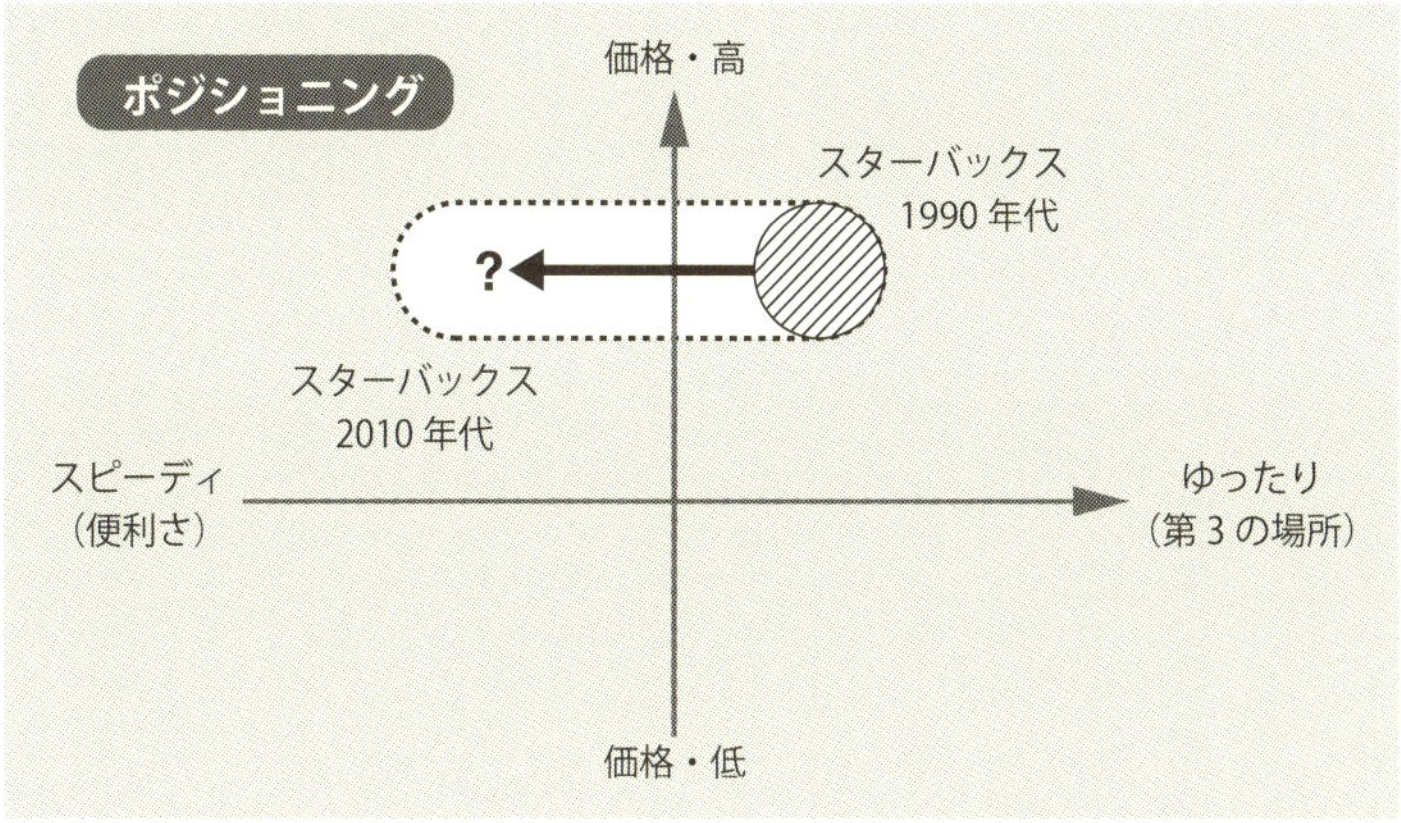

（著者作成）

これらの指標を用い、たとえば、「人口30万人以上の都市で働く大卒のホワイトカラーの30代から40代の男性」というように複数の指標を組み合わせてマーケット・セグメンテーションを定義するのだ。

そうすれば、統計データなどを使って、どこにどの位の潜在顧客がいるか、マーケット・サイズがあるかを誰もが推計できる。

「活きたコーヒー」や「第3の場所」を好む人を直接セグメンテーションすることは難しい。そのため、客観的指標を「代替指標」として使うことでマーケットのおよそのサイズ（市場規模）や動向を知ることができるというわけなのである。

◆ターゲティングと顧客分析

STP分析の2つ目は「ターゲティング」だ。

ターゲティング（Targeting）とは、自社が販売しようとするモノやサービスを売り込む標的を決めることである。セグメンテーションで設定したマーケット・セグメントを絞り込む作業といってもいい。

フィリップ・コトラーはターゲティングの方法によって戦略を3つに分類した。

第一は、「全方位マーケティング」。
第二は、「差別化マーケティング」。
第三は、「集中化マーケティング」である。

第一の「全方位マーケティング」は、コカ・コーラがその代表例だ。コカ・コーラはコーラという単一のドリンク製品で若者からシニア層までを一つに括り、単一のマーケットとしてきた。

いわゆるマス・マーケティングであるが、最近は、市場が成熟化し、市場環境の変化も技術進歩も激しい。

このため、対象とするマーケット・セグメントを常に見直し、ターゲティングし直す作業がより重要になっている。

コカ・コーラのような会社も最近では、ダイエット・コーラであるとか、スポーツ・ドリンクなどの製品ラインナップを増やして、より個別のマーケット・セグメント毎に製品を市場に出すようになっている。

第二の「差別化マーケティング」は、ひとつの大きなマス・マーケットを小さく細分化し、細分化されたマーケット・セグメント毎に対応する製品を用意する戦略だ。

自動車メーカーでいえば、トヨタ自動車やゼネラルモーターズ（GM）のように市場シェアの過半を握る「マーケット・リーダー」が選択する戦略でもある。

マーケット・リーダーは、資金力も人材も豊富なのでマーケット・セグメント毎に車種を用意できる。その結果、すべてのマーケットをカバーするフルラインナップの車種を揃えられる訳だ。

トヨタ自動車の例であれば、セダン14車種、スポーツカー2車種、ワゴン3車種、ミニバン11車種、コンパクトカー10車種、SUV6車種、業務用18車種、軽自動車5車種、ハイブリッド21車種、燃料電池車1車種、福祉車3車種で合計実に94車種（2015年12月現在）に達する。

トヨタはこのほか、高級ブランドのレクサスも展開しているので、その車種の豊富さと顧客層の広がりはマーケット・リーダーならではといえる。

第三の「集中化マーケティング」は、特定の限られたマーケット・セグメントにターゲットを絞り込んで、すべての経営資源を集中させる戦略である。

自動車メーカーでいえば、フェラーリやロールスロイス、時計メーカーでいえば、ロレッ

図表4-3 ターゲティングの3類型

①全方位マーケティング

単一のブランドで市場全体をターゲット
にするマーケティング
（例）コカ・コーラ

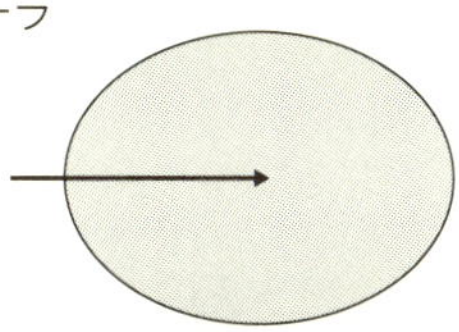

②差別化マーケティング

ひとつの大きなマス・マーケットを
小さく細分化しセグメント毎にマーケティングを展開
（例）トヨタ

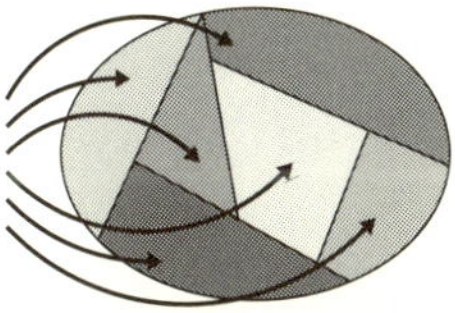

③集中化マーケティング

特定の限られたマーケットセグメントにターゲットを
絞り込み経営資源を集中させるマーケティング
（例）ロレックス、ロールスロイス

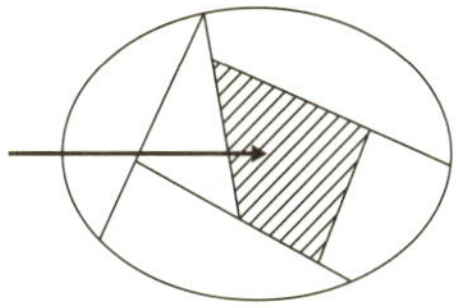

出典：『マーケティングの実践教科書』より著者作成

クスやパテック・フィリップなどがこの戦略である。

では、前述のスターバックスはどうだろうか。

スターバックスは創業時から明確なコンセプトによる店舗展開を行ってきた。その戦略は、やや割高でも「おいしいコーヒー」をゆったりと飲みたい顧客層に「第3の場所」を提供することであった。

その結果、「高学歴・高収入で、都会のオフィス街などで働くキャリアウーマン」というプロフィールを持つ多くの顧客層が「第3の場所でおいしいコーヒーをゆったりと飲む」という「顧客価値（Value for Customer）」を求めて、スターバックスに魅せられていったのである。

スターバックスが日本に進出したのは、1996年。東京・銀座の松屋デパートのそばである。

マクドナルドの第一号店がやはり東京・銀座であったことを考えると都会のシンボルとしての銀座効果は想像以上にあるのかもしれない。

米国でも日本でもスターバックスが高級イメージで店舗展開を開始したことは、スターバックスのある種の高級イメージを醸成するには必要要件だったのだが、スターバックス

図表4-4　スターバックスの顧客定着率

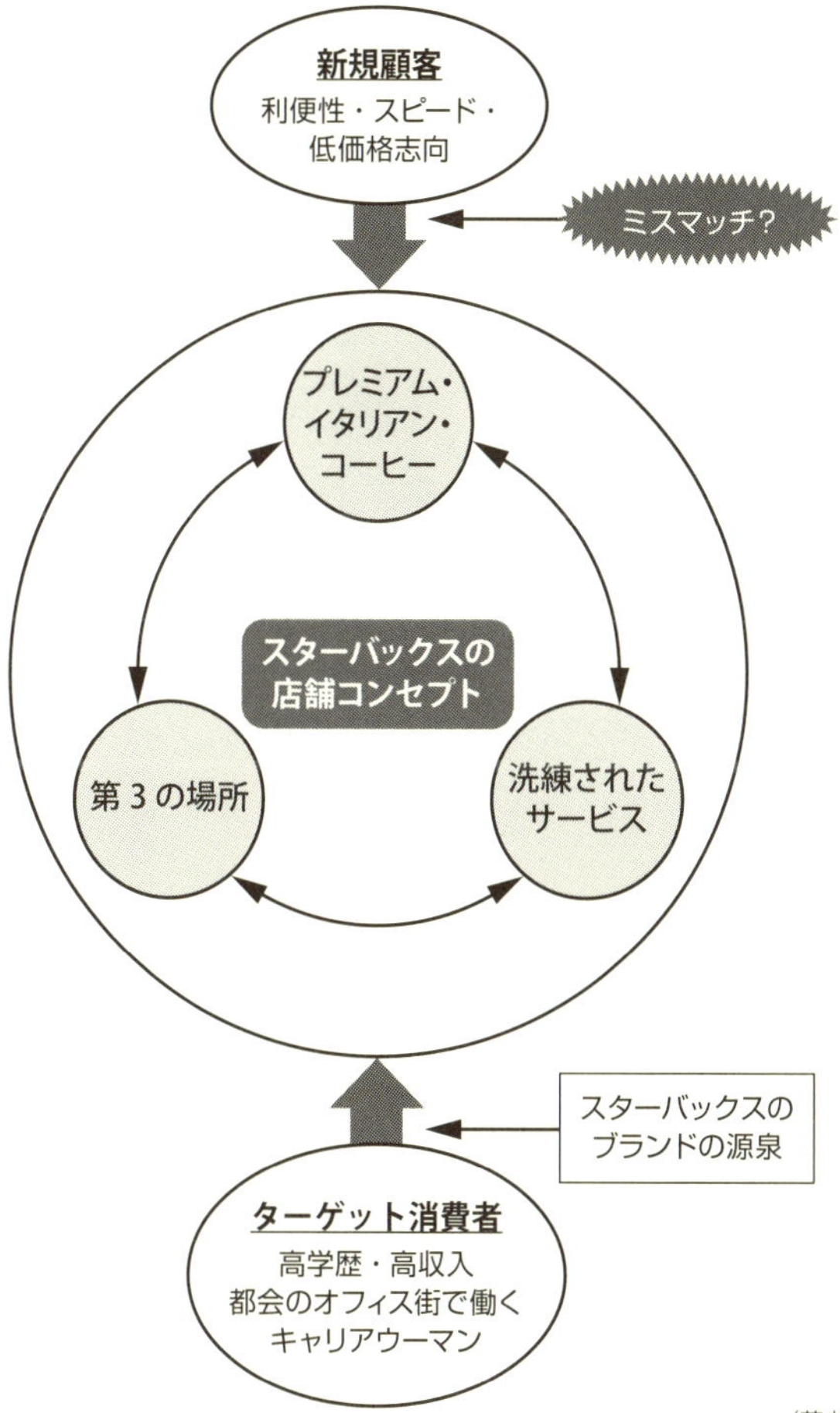

（著者作成）

の店舗網が急速に拡大した結果、多くの問題が生じてきたのである。

スターバックスは、創業以来、「全方位マーケティング」を展開し、老若男女の顧客層の取り込みも同時に行っていた。

しかし、その結果、異なるニーズを持つ新しい顧客層が流入し、スターバックスの顧客満足度が低下してしまったのである。


では、なぜ新規顧客の満足度が低下してしまったのだろうか?

それは同社の従来の顧客層と新規顧客層の客層に変化が生じ、結果として新規顧客層のニーズにスターバックスのサービスが一部応えられない事態に至ったというのが原因である。

◆ターゲット消費者の戦略化

次頁の図4-5は、ターゲット消費者について示した図だ。フィリップ・コトラーは、マーケットを構成する対象を消費者と呼び、自社の製品やサービスを購入する対象を顧客と呼んで両者を区別している。

そして、マーケティング戦略の標的、すなわち、漁師でいう投網の標的を「ターゲット

図表 4-5 顧客ターゲティング

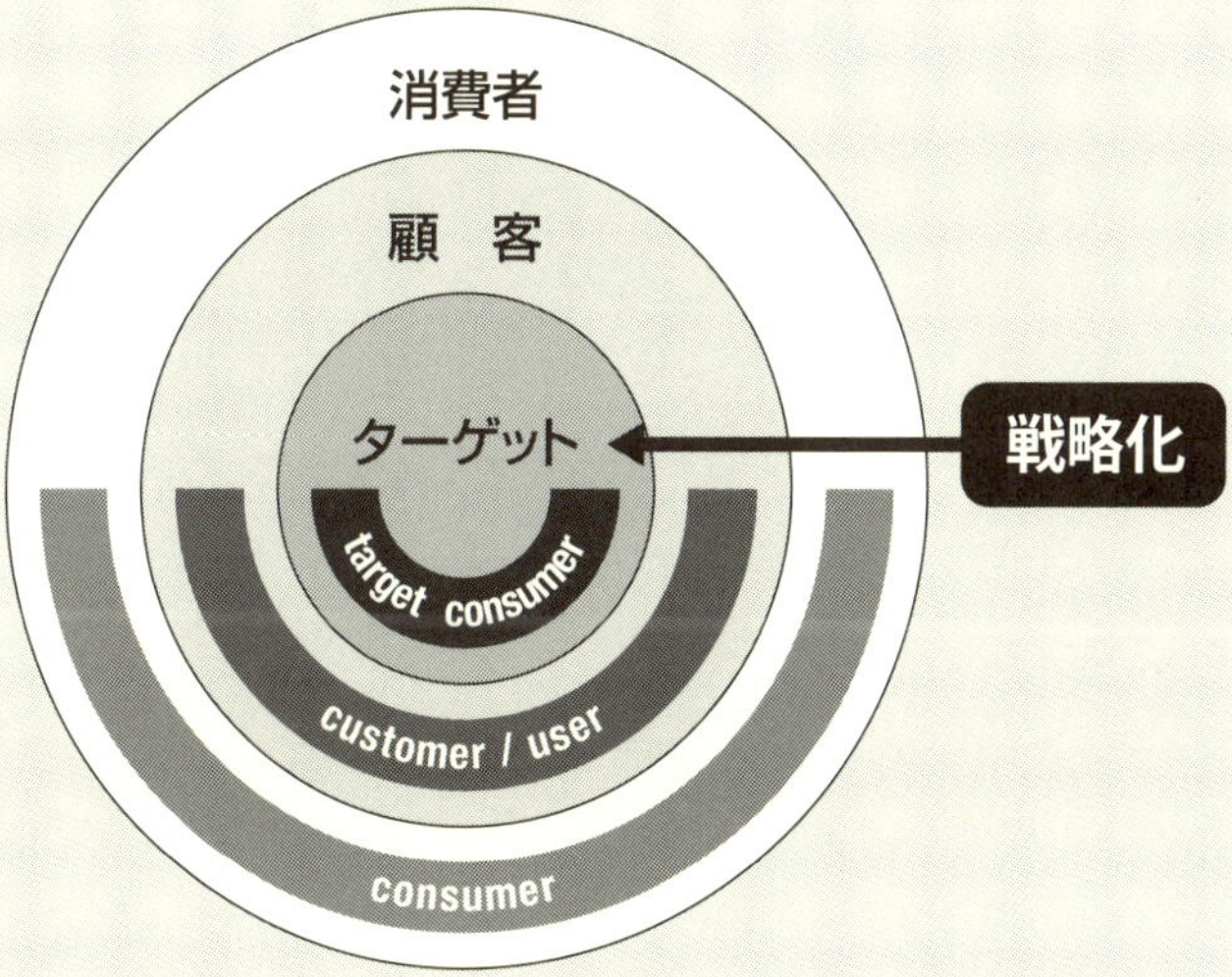

出典：コトラー・P『マーケティング・マネジメント』プレジデント社（1983）

消費者（Target Consumer）」と呼んでいる。

この図を見るとわかるように、自社の製品やサービスを購入してくれる「顧客」が必ずしも「ターゲット消費者」とはなっていない。

漁師がたとえば、サンマ漁をしたとする。このとき「ターゲット消費者」に相当するのがサンマだ。漁によって水揚げされるのは、サンマ以外も含まれる。漁師のターゲットはあくまでサンマであったとしても水揚げされた獲物はコトラーの定義でいう「顧客」ということになる。

図に「戦略化」とあるが、「ターゲット消費者」への「戦略化」とは、どういう意味だろうか。これは、ターゲット消費者の特性を分析して、その嗜好や購買パターンに合った商品やサービスを設計することだ。

すなわち、自社の経営資源を「戦略化」された「ターゲット消費者」に向けて重点的に投入することを意味するのである。

サンマ漁の場合、棒受網漁法という舷側の灯火でサンマを集める漁具を使う。この方法はサンマを獲るために開発された方法だ。

前述のスターバックスの例でいえば、当初のターゲット消費者は、「高学歴・高収入で、都会のオフィス街などで働くキャリアウーマン」だ。

こうした高学歴で高収入のホワイトカラーのキャリアウーマンは、ゆったりとくつろぎながら高品質のコーヒーが飲めるスターバックスの店づくりに満足してきた。

それは少々高い価格でも、かえって高品質ブランドの証明として受け止めてきたからだ。

しかし、スターバックスで新しく顧客となった層はどうだろうか？

スターバックスの新しい顧客層は、スターバックスの評判を聞きつけて来店した顧客である。

来店動機は従来の顧客と違い、「利便性」や「スピード」を求め、スターバックスの「値段の割高感」にも厳しい目を向けている。その結果、こうした顧客層の満足度は必然的に低下していったのである。

◆顧客ニーズと差別化ポジション

スターバックスの顧客満足度の低下問題を「ポジショニング」の視点から考えてみよう。

「ポジショニング（Positioning）」とは、顧客のニーズを満たして、顧客満足度を高め、顧客の支持を得るための自社の製品やサービスの立ち位置（差別化ポジション）を決定することだ。

ポジショニングには、ターゲットとなるマーケット・セグメントで差別化を徹底させて競争相手に勝つ「競争優位アプローチ」と、誰も競争相手がいないホワイトスペースに参入する「オンリーワンアプローチ」の2つの戦略がある。

ここでポジショニングの戦略策定を行うための便利なツールとして「ポジショニング・マップ」を紹介しよう。

「ポジショニング・マップ」というのは、図表4-6のように縦軸と横軸に差別化のための評価軸を設けて、分析対象とする製品やサービスをマップ上に位置づけたものだ。

ポジショニング・マップの評価軸は、顧客が、その製品やサービスを購買するときに選択する要素によって設定される。

たとえば、図表4-6は、ビールのポジショニング・マップの例である。このマップでは、横軸に苦味〜さわやかさ、縦軸にキレ〜コクを設定してキリンラガーやアサヒスーパードライ等のビールがポジショニングされている。

このポジショニング・マップを作成する際にまず決めないといけないのは、マップの縦軸と横軸の指標である。ここで重要なのは、指標は企業の視点ではなく、顧客の視点で決めるという点だ。

ビールの場合であれば、「苦味〜さわやかさ」という軸と「キレ〜コク」という軸が顧

図表4-6　缶ビールのポジショニングマップ

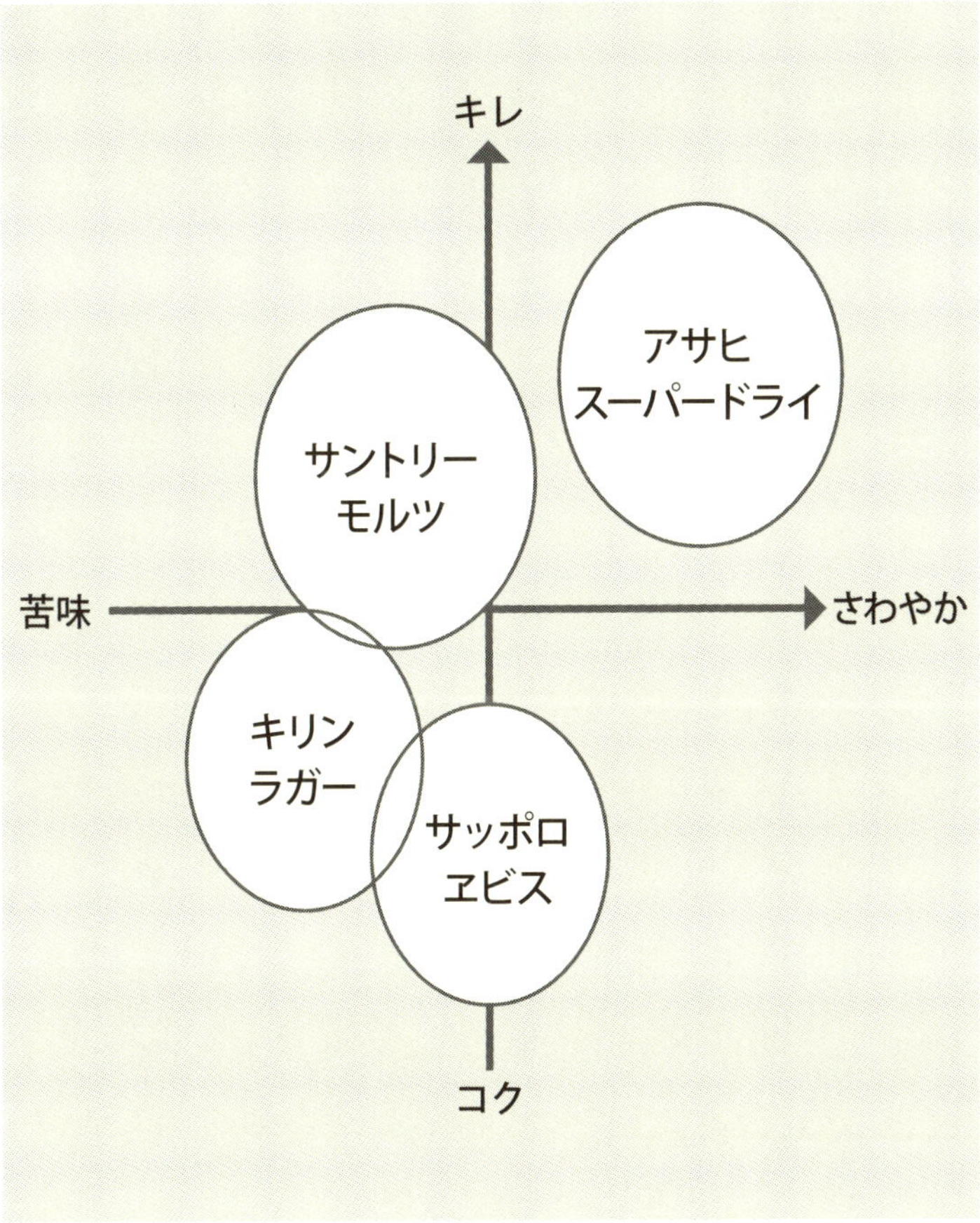

出典：「経営用語の基礎知識（第3版）」野村総合研究所 著

客のビール購買の決め手となった。

マップの指標はいわゆるＫＢＦ（Key Buying Factor＝主要購買要因）の価値軸といえるわけで、ポジショニングする製品やサービスによっては、価格や付加機能などがマップの指標となるのかもしれない。


再び、スターバックスのポジショニングを考えてみよう。

スターバックスは創業当時のターゲット消費者を、「高学歴・高収入で都会のオフィス街などで働くキャリアウーマン」と設定した。

彼ら彼女らは「活きたコーヒー」と「第３の空間」を高く評価し、結果として高い満足度を示してきた。

しかし、創業時から新たに流入してきた顧客層は、従来の価値観ではなく、よりスピーディなコーヒーの提供や割安感、つまりは他のコーヒーショップと同様の価値観を重視するようになった。

この時、スターバックスは、新しい顧客層をターゲット消費者として「戦略化」することを断行した。

つまりは、新規顧客層のニーズを重視して店舗戦略を組み立て直し、店舗レイアウトの変更やバリスタマシンの導入、スタッフの強化などを行ったのである。

スターバックスの事例から学べることは、事業経営において「顧客は誰か？」を常に意識すること。そして、マーケットの変化に注視しながらＳＴＰを見直すことの重要性だ。

顧客は常に変化する。これを意識して絶え間なく店舗を改善し続けることが、顧客離れを防ぎ、新たな顧客を獲得する道なのだ。


〈参考文献〉
・「スターバックス - 顧客サービスの提供」(Harvard Business School 9-507-J03)

第４章のまとめ

1.「販売（Selling）」とは、買い手を見つけて、モノやサービスを提供し、対価として代金をもらう行為のこと。
2.「マーケティング（Marketing）」とは、モノやサービスを対象とする顧客層から「継続的に売上と利益を獲得する仕組み」をつくる行為のこと、である。
3.新製品を開発する場合、「誰が顧客なのか？」を明確にして、ターゲットとする消費者のニーズを明らかにすることが必要。
4.経営学者のフィリップ・コトラーは、STP分析を通じたマーケティング戦略の重要性を提唱した。
5.STP分析のSとは「セグメンテーション（Segmentation）」のことで、対象とするマーケットを同質の顧客ニーズを持つセグメントに細分化すること。
6.STP分析のTとは、「ターゲティング（Targeting）」のことで、複数のセグメントに細分化したなかで、どのセグメントをターゲットとするのかを特定すること。
7.STP分析のPとは、「ポジショニング（Positioning）」のことで、対象としたセグメントの中で顧客ニーズを満たしながら差別化すること、である。
8.STP分析によって、自社のどのような価値を誰に提供するかが明確になり、効果的なマーケティングを行えるようになる。
9.新製品開発におけるマーケティングの重要な役割は、開発する新製品の「ターゲット消費者」を魅了する戦略の方向付けをすること。
10.「戦略化」された「ターゲット消費者」の嗜好や購買パターンに合った商品やサービスを設計することがマーケティング効果を最大化する。
11.市場を取り巻く環境は常に変化し、顧客も変化してゆく。製品のマーケティング戦略も変化を前提に継続的に見直しを行うことが重要である。

第5章 売れる仕掛けをつくれ

★新型ロボット掃除機をマーケティング提案【エピソード5】

小峰大、山口悠太、鈴木樹子の仲良し3人組は、研修でテーマとして設定された新型ロボット掃除機のマーケティング提案について検討することとなった。

新型のロボット掃除機は、デザインも良く、なかなかの売れ行きが期待できそうな製品である。

新型ロボット掃除機の販売拡大を目指して3人組は検討を開始した。

いま、何やら3人で話し合っているようだ。

「小峰君、鈴木さん。マーケティング戦略をしっかり練って、製品の販売拡大を目指さないといけないね。

マーケティングミックスから検討しないか？

このロボット掃除機の価格や販売チャネルはどうするの？　プロモーションの仕方やこの掃除機のネーミングも考えないとね。準備しなければならないことは山ほどあるけど、マーケティングミックスを早く検討しよう」

「山口君、マーケティングミックスって何だ？」

大学が工学部の小峰は、どうもマーケティングというものが今ひとつわからないようだ。

「マーケティングミックスっていうのは4P理論というのがあって、マーケティング戦略の実行計画を立てるときに必要な考え方なんだ。俺もまだ勉強中だから、ちょっと待って」

山口が小峰からマーケティングミックスについて質問されたが、山口は教科書を開いて何やら思案を始めたようだ。

◆マーケティングミックス・4P理論

第4章では、マーケティング戦略を構築するために必要なSTP分析の手法を紹介した。第5章では、マーケティング戦略を実行し、「売れる仕掛け」をつくるマーケティング論のフレームワークについて解説していこう。

マーケティング論に「マーケティングミックス」という概念がある。マーケティングミックスとは、マーケティング目標を達成するために、施策を組み合わせ、最も効果があがるようにする行為。いわば、「売れる仕組みを実現する一連の施策の集まり」のことだ。

マーケティングミックスという概念は、米国の経営学者エドモンド・J・マッカーシー（Edmund Jerome McCarthy）が1960年に出版した「マーケティング基礎（Basic Marketing, Richard D.Irwin,Inc..）」という本で提唱された。

マッカーシーはこの本で、マーケティング目標を達成するためにコントロールするマーケティング要素を4つのPに分類した。これは、マーケティングを勉強する学生なら誰もが真っ先に習う「4P理論」のことだ。

4Pとは、プロダクト（Product）、流通チャネル（Place）、価格（Price）、プロモーション（Promotion）の4つである。

マーケティングミックスとは、これら4Pの要素を組み合わせて、「ターゲット消費者」に売れる仕組みを作る手法のことである。

◆1番目のP・プロダクト

4P理論で紹介する最初のPは、プロダクト（Product）である。

「プロダクト」とは、家電メーカーであれば、冷蔵庫やテレビ、洗濯機などのいわゆる売りモノとしての家電製品を思い浮かべるかと思う。

しかし、4P理論で定義されるプロダクトの概念は製品（プロダクト）という言葉から想像されるよりも、ずっと幅が広い。

プロダクトとは、日本語では「製品」と訳される場合が多いが、製品はプロダクトの概念を説明する一部に過ぎない。

家電を例にとれば、プロダクトは消費者に役立つ何らかの価値を提供するものとして定義される。テレビは映画やドラマやニュースなどのテレビ番組を視聴するものであるし、冷蔵庫は食材を低温で保存するためのものだ。

これをフィリップ・コトラーは、「コア・ベネフィット（中核となる便益）」と呼んでいる。

では、テレビや冷蔵庫はそれだけで十分かといえば、そうではない。

テレビも冷蔵庫も「デザイン」や「ブランド」、「パッケージング」は重要であるし、製品の保証や搬送などの「付加サービス」も必要だ。

消費者は、テレビや冷蔵庫を買うときには、これらをすべてまとめて検討するのが普通だ。また、家電メーカーは、消費者に自社の商品を選んでもらうために、テレビだけでも何十機種とラインアップを揃え、いろいろなサイズ、機能、デザイン、あるいは色の種類を提供している。

家電メーカーとしては、どういった種類のテレビをどれだけ揃えるかといった戦略はとても重要である。少なすぎては消費者に多くの選択肢を提供できないし、多すぎてはコストがかさむ。

コトラーはこれを「プロダクト・ミックス」と呼び、プロダクトの重要なコントロール要素のひとつにあげている。

◆小売業のプロダクト戦略

ここで小売業のプロダクト戦略を考えてみよう。

一般的に小売業におけるプロダクト戦略には、MD（マーチャンダイジング：merchandising）が含まれる。MDとは、百貨店やスーパーマーケットのような小売店において対象顧客に向けて適切な商品を選択し、仕入れの時期や数量を決めることを指す。百貨店におけるバイヤーと呼ばれる人がMDの役割を担っているのだが、このバイヤーの良し悪しが、店が顧客に支持されるか否かを左右する訳だ。

それゆえ、MD政策は非常に重要であるといえる。

では、たとえば、服飾を扱うアパレルショップの場合のプロダクトは何だろうか。言うまでもなくそれはワンピースやシャツやスラックス、セーターなどの衣類や靴、衣料小物などのアパレル製品である。

アパレルショップに並べられる衣類や靴や衣料小物などの商品が魅力的であることは大前提なのだが、それだけでは売れるものも売れない。

ライバル店に負けない店舗づくりをして顧客を魅了したいと思うのは、アパレルショップを切り盛りする店長やバイヤーの自然の感覚だ。

世間にはいわゆる繁盛しているカリスマ的なアパレルショップというのがある。しかも、これらのカリスマ的なアパレルショップの多くが、チェーン店を出し、商売に成功していることに気づく。

カリスマ的なアパレルショップだから成功したのか、アパレルショップとして成功したからカリスマと呼ばれるのかは、鶏と卵のような話ではある。

しかし、商売に成功しているアパレルショップは、店に並べている衣類や衣料小物の魅力以外にも、売れる仕掛けがしっかりとつくり込まれている。それは、顧客の誰が見てもわかる仕掛けもあれば、顧客にはわからない仕掛けもある。

たとえば、プレオープンの段階で、絶妙な形でファッション雑誌とコラボ企画をしたり、SNSやメルマガで口コミを広げていたりすることなどがあげられる。

こうした「仕掛け」は、初めての顧客にショップの商品を知ってもらう、評判を呼んで顧客を一気に広げるといった狙いのもとに行われる。

「ショップの季節毎のテーマを何にするか?」「衣料小物の特徴をアピールして、気軽に買い物をしてもらうにはどうするか?」「トップスやアウター等の衣類のほか、ベルトや革小物などの衣料小物のラインナップをどうするか?」といったショップとしてのMD

（マーチャンダイジング）開発は、コトラーのいうところの「プロダクト・ミックス」に当たる。

小売業にとってもプロダクト戦略は、奥深いものなのである。

◆2番目のP・流通チャネル

二番目のPは、流通チャネルだ。

流通チャネルは、プロダクトを顧客に届ける媒介役を果たすものだ。コトラーの定義による流通チャネルは、「物流」に加え、お金を受け渡す「金流」、そして、情報の発信や提供を担う「情報流」など多岐に亘る役割を担っている。

そして、流通チャネルの形態も、百貨店や量販店、専門店のような店舗から、最近ではコンビニのように全国的な販売網やネット販売も急速に存在感を増している。

たとえば、飲料メーカーにおける流通チャネルを考えてみよう。飲料メーカーで製造しているソフトドリンクやビールなどのアルコール類は、スーパーマーケット、コンビニ、自販機、駅の売店等、多様なチャネルを通して販売される。マーケティングミックスにおける流通チャネル戦略のポイントは、チャネルのプライオリティ（優先順位）を決めることである。これを「チャネル重点」と呼ぶ。

流通チャネル戦略を捉える上で、重要なことは、全体の売上げを上げるためのチャネルの状況を量的側面と質的側面で捉えておくことである。

量的側面を捉える指標としては、「ストア・カバレッジ（Store Coverage）」と呼ばれる指標がある。「ストア・カバレッジ」は「取引店率」とも呼ばれるもので、商品を販売する取引対象店のなかで自社の商品を扱ってくれる取引店の割合を意味する。

たとえば、ある飲料メーカーが新製品のソフトドリンクを発売するとする。この新製品を全国のコンビニで販売するとしよう。２０１５年現在、全国のコンビニエンスストアの数は約５３０００店（日本フランチャイズチェーン協会２０１５年９月統計より）ある。

この飲料メーカーの新製品ソフトドリンクを全国のコンビニ１００００店で扱うとすれば、「ストア・カバレッジ」は、１００００÷５３０００で約18・９％となる。ここで、ある特定のコンビニチェーン、たとえば、ファミリーマートと提携して全店舗網で販売するということになれば、ファミマの全国店舗数は、２０１５年９月末現在で１１４５５店（同社ホームページより）であるから、ストア・カバレッジは、１１４５５÷５３０００で21・６％となる。

もちろん、地域限定であるとか、テスト販売であるとか、扱う店舗数も限定されるわけだが、いずれにしても、その商品の販売網の広がりの度合いを捉える上で、ストア・カバレッジはもっともわかりやすい指標のひとつだといえるだろう。

そして、流通チャネル戦略の質的側面を捉える指標に「インストア・シェア（Instore Share）」というものがある。インストア・シェアは、「店頭取り扱い率」とも呼ばれる。

前述の飲料メーカーの場合であれば、新製品ソフトドリンクを何店舗で取り扱っているかは、販売網の広がりの度合いを捉える上では有用であるが、個々の販売チャネルでどの程度売れているか、という販売チャネルの販売力を推し量るための質的側面については、この「インストア・シェア」という指標を使うと便利だ。

たとえば、ある店舗における新製品ソフトドリンクの月平均のインストア・シェアを算出するとする。その場合、その店のソフトドリンク販売高の月平均が20万円。同じく新製品ソフトドリンク販売高の月平均が5万円だとすれば、5万円÷20万円＝25％がインストア・シェアということになる。

飲料メーカーに限らず、製品の売上げ拡大を図るには、販売を担う流通チャネルを質・量の両面で捉え、販売促進するための戦略を立てて実行することは何より重要なのである。

◆立地戦略が小売業の成否を左右する

小売業や飲食業のような店舗を拠点としたビジネスを行う業態の場合、流通チャネル戦略のコアには、立地戦略がある。

立地戦略は店舗開発の成否を左右する。とりわけ、チェーン展開を見据えた第1号店は、今後のチェーン店の性格を決めることになるからとても重要だ。

お店を出す立地次第で周辺の客層は、サラリーマン、学生、主婦など一変する。立地の選択は、おのずと周辺の客層を決定づける訳だ。

店舗開発がうまくいくには「売上」を立てなければならない。顧客が来店してくれる立地を選ぶことは、商売が繁盛するためには大きなアドバンテージ（利点）となるのである。

良い立地を選ぶには、出店候補地の地域特性、客層などを入念に調査しておくことが必要だ。たとえば、同じコンビニを開店するにしても都会の繁華街の一等地に出店するのと裏通りにある人通りのさびしい三等地に出店するのでは条件が全く違う。

都会の繁華街の一等地の人通りは非常に期待できるだろうが、ライバル店も多いだろう。また、昼間の客層と夜間の客層では全く異なるかもしれない。

そして、何よりも出店には相当な資金が必要になる。

コンビニの場合、セブン-イレブンやローソン、ファミリーマートといった大手のコンビニエンスストア・チェーンのフランチャイジーになるのが普通であろう。フランチャイジーになるには保証金のほか、開店資金など千万円単位のお金がいる。店舗を借りるとなれば、賃借料も坪数千円から場所によっては坪一万円を超える。

一方、裏通りの人通りのさびしい場所は、賃借料は安いが、人通りはめっきり少なくなる。売上を相応に上げてゆくにはかなりの工夫が必要となる。

しかし、ここで重要なことは、立地戦略は、単独では決められないということだ。

つまり、立地戦略は、立地する店舗の商圏の大きさや扱う商品やサービスの種類、マーケティングミックスの他のPの強み、弱みなど、総合的な見地から決められる。

たとえば、ハンバーガーチェーン店として全国に1379店の出店（直営店と加盟店の合計、2015年11月現在）を誇るモスバーガーは、大通りや繁華街の一等地ではなく、賃料が安い地域の二番手戦略を採ってきた。

また、前のテナントが使っていた厨房施設や電気設備をそのまま流用（ときには什器や内装も）する、いわゆる「居抜き出店」で出店コストを抑えながらチェーン展開をしている外食チェーンもあるだろう。これなどは特徴的な立地戦略といえる。

◆立地戦略と商圏

立地戦略を考える上で、真っ先に頭に描かないといけないのは「商圏」と業態との関係だ。店舗経営において商圏は非常に重要な意味を持つ。商圏とは店舗や商店街などが影響を及ぼす顧客の存在する地域を指す。

商品を商圏との関係から「最寄り品」「買回り品」「専門品」と分ける考え方がある。これは、消費者の商品に対する購買行動による分類方法だ。

「最寄り品（Convenience Goods）」というのは、いわゆるスーパーマーケットやコンビニなどで毎日のように買う生活雑貨などの日用品を指す。最寄り品は近くにあって周辺地域の中で割安な価格を打ち出すことが売れる条件として何より重要だ。

これに対して、「買回り品（Shopping Goods）」というのは読んで字のごとく、最寄り品よりも消費者のこだわりが強い商品だ。たとえば、洋服や電化製品などがそうである。これらは、繁華街にある百貨店や都市部にある専門店など、少し遠出をしてでも買い回りしたい商品なのである。

では、「専門品(Specialty Goods)」はどうか。専門品は、もっとも趣味性の高い商品である。

図表5-1 業種・業態と商圏の関係(例)

業態	商圏人口	商圏距離	交通手段・所要時間(例)
コンビニエンスストア	～3000人	300～500m以内	徒歩 5～10分以内
ドラッグストア	2万～3万人以上	～5km以内	自転車 15分程度以内、自動車 10分程度以内
ディスカウントストア	3万～7万人以上	～7km以内	自動車 15分程度以内
総合スーパーマーケット	5万～7万人以上	～7km以内	自動車 15分程度以内
百貨店(中型～大型)	20万～50万人以上	20～50km以内	電車 30分～80分程度以内
ファミリーレストラン(路面店)	1万～2万人以上	～7km以内	自動車 15分程度以内
カフェ(市街地)	1万人以上	1～2km以内	徒歩 5分～10分以内

(著者作成)

たとえば、高級自転車やファッション性の高い服などがそれに当たる。

一般的には、これらの商品と価格、商圏との関係をいえば、「最寄り品」→「買回り品」→「専門品」の順に価格は高くなる。そして、価格が高くなるに従い、商圏も拡大してくるのである。

この理論は、外食レストランの経営にも当てはまる。

つまり、客単価が低ければ商圏が小さく、高ければ商圏は大きくなる。

これは経験則ではあるが、一般的に客単価5千円から1万円を超える高級店はクルマや公共交通を利用して1時間圏からの来客を期待できるが、コンビニであれば、半径300から500メートル、徒歩5分～10分圏をコア商圏（集客の8割）として事業計画を立てるのが無難だろう。

つまりは、立地する場所から集客エリアを描き、そこに住む昼間人口や夜間人口、年齢構成や地域特性（繁華街、住宅街、学生街など）を推定する。そして、これを念頭に置きながら店舗コンセプト開発とマーケティングミックスの立案実行までを一貫して行うのである。

このような店舗経営で重要なのは、エリアマーケティング（Area Marketing）の視点だ。

エリアマーケティングは、地域密着型マーケティングとか地域特化型マーケティングと表現されることも多いが、店舗経営では非常に重要な概念だ。

出店する地域の特性をよく把握し、その地域の客層のライフスタイルや嗜好、購買力などを加味しながらマーケティングミックスを組み立てる。そういったきめ細かな対応が店舗経営では求められるのである。

◆3番目のP・価格戦略

「4P理論」の3番目のPは、価格（プライス）だ。昨今は、日本経済がデフレ経済下にあるため、4つのPのうち価格の重要性が一層高まっている。

外食チェーンなどでも価格は消費者にとって重要な基準になってきたことも確かだ。

しかし、価格戦略だからといって、売っている商品を単純に何が何でも安くすればいいかというとそういうものでもない。

価格を下げれば顧客は集まるが、それでは利ざやがなくなってしまう。レストランのメニューもおいしくて価格が安いに超したことはないが、価格が安すぎれば赤字になってしまうのは明らかだ。

値付けは悩ましい存在なのである。

ここで「3C分析」を紹介しよう。3C分析とは、自社（Company）、市場（Customer）、競合（Competitor）のアルファベットの頭文字から取っている。

3C分析とは、戦略の価値を捉える視点を自社、市場、競合の3つに置いて戦略分析を行うフレームワークである。

3C分析では、通常、「市場分析」、「競合分析」を行う、これら2つの分析は事業戦略を立案するために必要な「外部環境分析」に対応する。

外部環境分析とは、事業戦略を立案する上で、ベースとなるKSF（成功要因）やKFF（失敗要因）を洗い出す作業だ。

たとえば、ロボット掃除機市場に参入しようとするならば、掃除機のバッテリーや吸引力などの基本仕様、平均的な使い方や部品の供給方法など、ロボット掃除機事業特有の定石がある。そうした定石を把握した上で、市場規模や将来の市場の伸びなどを分析することが「市場分析」でやるべきことだ。

そして、市場で売れているメーカーはどこで、強みや弱みは何か。今後、発表されるロボット掃除機のトレンドと競合他社の動向はどうか等を分析するのが「競合分析」になる。

次に「自社分析」だ。自社分析では、市場分析、競合分析の「外部環境分析」で対象とする業界のKSFとKFFを洗い出した上で、自社がKSFを実行できる状態にあるかどうかの「内部環境分析」を行うのである。

たとえば、

（1）ロボット掃除機業界のＫＳＦは何で、その要件を自分の会社は備えているのかを診断する。

（2）次にそれらの要件と自社及び自社の製品現状とのギャップを明らかにする。

（3）その上で、「競合他社製品と同水準以上の価格設定は可能か？」「掃除機のＡＩ機能を向上させる技術者の確保は可能か？」等、ギャップを埋めるための方策を検討する。

要するに参入する業界で成功するモデルを分析し、市場と競合を考慮して自社がそのモデルを実現する事業戦略を練るために用いるのである。

◆3C分析のフレームワークを価格戦略に応用

次に3C分析のフレームワークを価格戦略に応用してみよう。

価格の設定は、3Cのうちのどの主体に起点を置くかによって分類される。

第一が自社起点の「コスト志向型価格設定」だ。これは、原価（コスト）に期待利益（マークアップ）を加えて価格を算出する。

「コスト志向型価格設定」は、高速道路料金や郵便料金、電気料金など公共性の高いモノやサービスにおいて多く採用されている。

第二が顧客起点の「需要志向価格設定」だ。これは、需要と供給の関係により価格を設定する方法だ。たとえば、ネット販売される航空チケットやホテルの宿泊代などが代表例である。ダイナミックプライシングという仕組みによって、予約の空き状況によって価格を変動させる。これは、予約が間際になっても埋まらなければ、大幅割引を行うことによって、需要を喚起する非常にフレキシブルなプライシングの仕組みである。

顧客起点のプライシングには、もう一つ、「売れる価格」で値付けをする方法がある。その典型例は、高級ブランド品だ。たとえば、ルイヴィトンのバッグ。ルイヴィトンのような高級ブランド品は、皮の原価に加工費や流通コストを加えて価格設定をしている訳ではない。

消費者の方も、ルイヴィトンのバッグを買う時に原価がこれくらいだから、この値段くらいだろうなどと考えて購入する訳でもない。10万なり30万円なりという価格を見て、むしろ、自分のふところ具合と相談して買うかどうかを決める。

これは〝ＷＴＰ（Willingness to Pay）〟（支払い意欲）の公式と呼ばれる。

図表 5-2 3Cトライアングルとプライス戦略

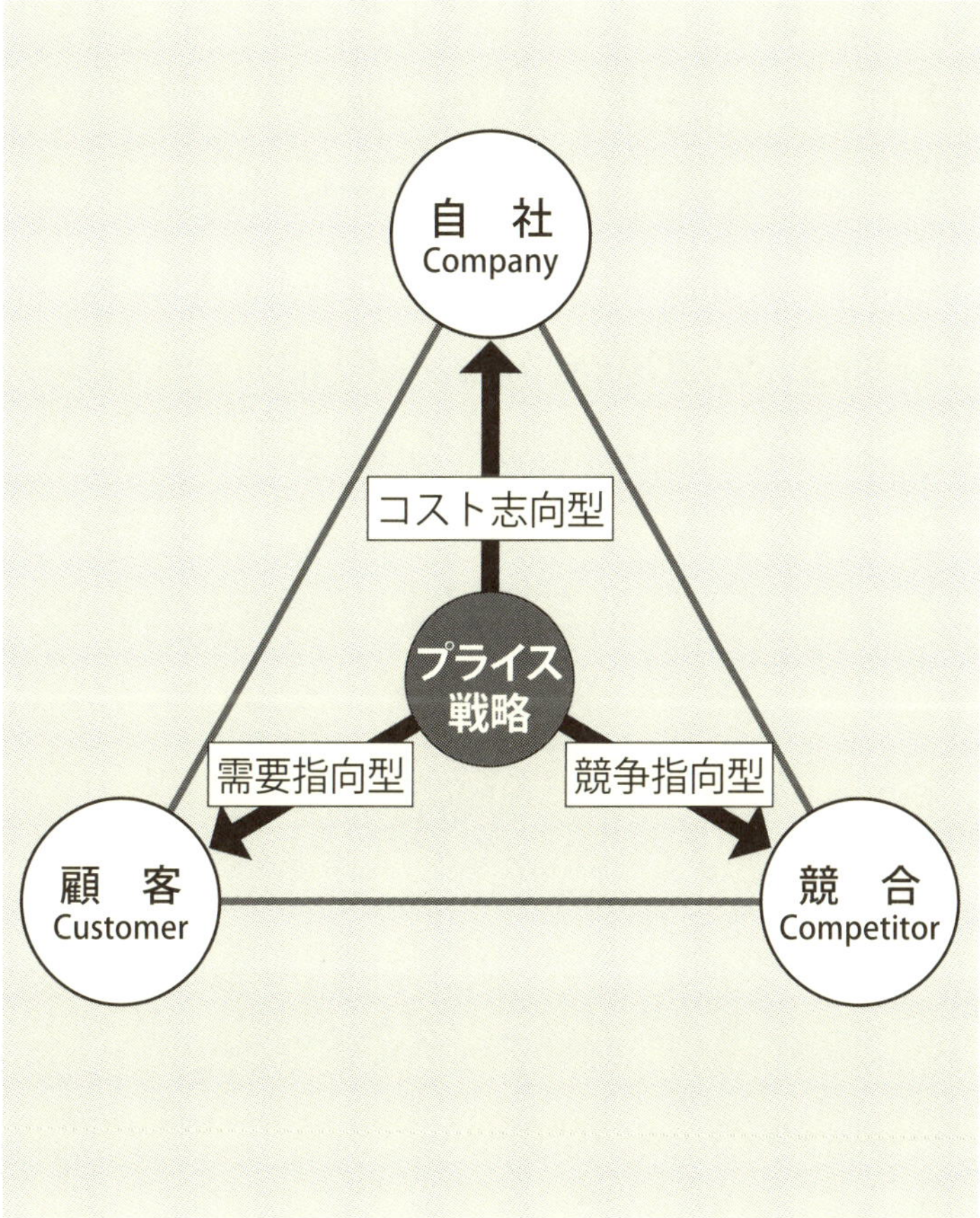

出典：『マーケティングの実践教科書』を参考に著者作成

図表5-3 「価格プレミアム」の理論

コスト＋利益＝価格

利益＝WTP (Willingness to Pay)－コスト

つまり、WTPが原価を上回る額が大きいほどマークアップ、すなわち利益率が高くなる。もちろん、どんな会社もWTPを高くしたいのは山々だ。しかし、WTPを高めるには、ブランドイメージを高めたり、お得感を演出したり、それ相応の投資や工夫が必要なのはいうまでもない。

WTPの公式は、「価格プレミアムの理論」とも呼ばれる。図表5-3を参照いただきたい。この図は、プレミアム価格の理論を示したものだ。

上の式は、通常の価格設定の算式。下の式は、価格プレミアムの理論に基づく算式だ。

しかし、よく見てみると上の式と下の式は、算術的には同じことを意味していることに気づくだろう。だが、算術的には同じでも、消費者心理的には大きな違いがあるのである。

これは言い換えると、自社による「価格の設定能力」を高めることであり、高い利益率を確保する有力な戦略であることを十分理解しておくことが必要なのである。

そして、第三が競合起点の「競争志向価格設定」だ。これは、競合企業と競り合う「入札」や市場の実勢価格による設定方法がある。家電のディスカウントストアなどは、競合先の価格設定を常に意識しながら価格設定をしているが、まさにこうした競争志向の価格設定の典型例といえる。

◆アパレルショップの価格戦略

ここで、アパレルショップの価格戦略について考えてみよう。

アパレルショップの価格戦略は、ショップのイメージの中心を担うワンピースやスラックス、アウターのコートやシャツ等の衣類のほかベルト類や革製品、宝飾小物などを含めたMD（マーチャンダイジング）とセットで考える必要がある。

こうしたショップで儲かっているところは、なにがしかの儲かる「仕掛け」を工夫し、実践している。各商品の価格は、原価に一定の利幅を足して決められるという単純なものではない。そこには戦略が必要なのである。

たとえば、一着3万円でスーツを販売している紳士服チェーン店が、二着目は半額とか、ときには5千円というような格安価格を提示しているのを見かける。

そんなに安い価格で儲かるのかと第三者は疑問に思うが、さにあらず。

紳士服の販売は対面販売で販売原価に占める人件費比率が高いため、一回の接客で二着をまとめ売りできれば、十分に元がとれる仕掛けになっている。

外食チェーンでも同様の仕掛けがある。たとえば、お客様を呼び込むための目玉メニューを格安に設定し、利益率の見込めるメニューを別に用意するというものだ。

メニューの個々の利益率は同じではない。

意外かもしれないが、焼き肉レストランなどでもっとも利益率が高いのは普通、ウーロンハイのようなドリンク類だ。

店側は顧客に肉をたくさん食べ、同時にドリンクをたくさん注文してくれるようなメニュー構成と価格設定を行う。そして、セットメニューなどで顧客の関心を惹き、稼ぐ仕組みを組み込んでいるのだ。

したがって、アパレルショップにおいても、もっとも利益率が高いのは宝飾小物であったという意外性はままあるものなのである。

これはまさに顧客心理をベースとした戦略といえる。

◆4番目のP・プロモーション

最後がプロモーション（Promotion）戦略である。

プロモーションと聞けば、チラシやネット広告などがすぐ思い浮かぶ。

プロモーション活動というと販売のための広告だけを想像しがちだが、それだけにとどまらない。たとえば、お店に来た顧客にアンケートを渡して顧客の声を聞く、というような顧客との活動も販促のひとつとなるのである。

要は、現在の顧客（既存顧客）と顧客予備軍（潜在顧客）とを対象に行うコミュニケーション活動全般を指すのである。プロモーションの目標は何かといえば、それは顧客を増やし、売り上げ増に貢献することだ。

次頁の図表5－4を参照して欲しい。これは顧客ピラミッドと呼ぶ。顧客ピラミッドは、3つの階層に分かれているが、一番上位は、ロイヤル顧客、つまりは得意客だ。真ん中の階層は、一般の既存顧客。つまり、一度は店に来てくれた顧客だ。一番下の階層は、顧客予備軍。つまりは今後、顧客にしたいグループである。

図表 5-4 顧客ピラミッド

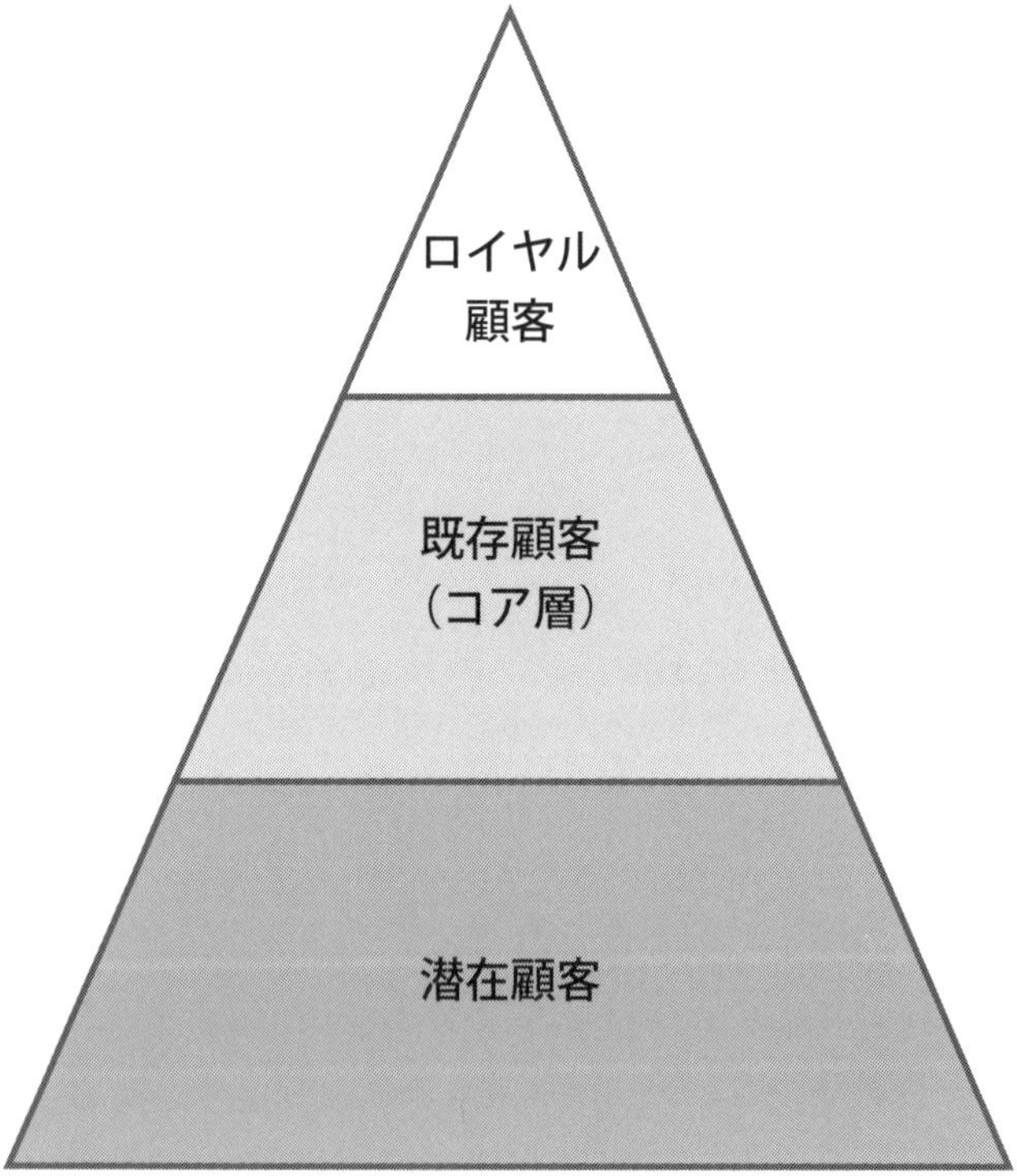

（著者作成）

これらの定義は、それぞれの業種や業態、店舗のタイプで決めればいいのだが、コンビニエンスストアのように最寄り品を主に扱う店舗であれば、たとえば、得意客は、週に3回以上来てくれる顧客。顧客予備軍は、店から半径500メートル以内の住人や会社員などと決めることができる。

プロモーション戦略の策定で一番、重要なことは、ターゲットを決めることである。いったい、どこにいるどんな人たちを対象にプロモーションを行うのか？　その戦略を練るには相手の顔が見えなければならない。

そのために、得意客には、お店に頻繁に通ってくれるよう、定期的に割引券を渡したり、新メニューの案内をしたりする。あるいは、新しい顧客を呼び込むために、定期的にチラシを配ったり、ネットでクーポンを発行したりするのである。

こうした様々なプロモーションは、その目的や手段の種類によって、マーケティング論では、「広告」、「広報」、「人的販売」、「販促」の4つに分類している。

「広告」というのは、読んで字のごとく、広く告知して商品やサービスを知ってもらうことを目的とする。自動車メーカーや化粧品メーカーが、テレビや新聞、ネットなどで多額のお金をかけてコマーシャルを打ったりするのは「広告」の典型的な例だろう。

このほか、ダイレクトメールやチラシ配布、さらには店頭での看板なども広告になる。

「広報」というのは、企業が新製品を発表したり、キャンペーンを行ったりしながら、広くマスコミに取り上げてもらうことを目的とする。いわば、無料の広告といったものだが、うまくゆけば波及効果は高い。

そして、「人的販売」。

これは、店頭販売員や営業担当者が、顧客と直接接触しながら、対面で商品の説明をして販売に結び付けることを目的とする。百貨店などの化粧品売り場や家電ディスカウントストアでメーカー派遣の販売員が、商品の説明をしながら販売しているのを見かけるかと思うが、これは「人的販売」の具体例である。

このほかには、「ルート販売」といって、定まった顧客を相手に定期的に御用聞きに向かう方法や「訪問販売」のように不特定多数の潜在顧客を訪問して顧客開拓にあたる方法などがある。

最後が「販促」だ。

販促には、「SP（Sales Promotion）広告」と「販促活動」の二種類がある。「SP広告」は、新聞への折り込み広告とか街頭でのチラシ配布、さらには店頭でのPOP広告などを用いて「直接的な販売」に結び付けることを目的とした広告である。

コンビニやスーパーマーケットの店内でも「本日特売品！」「ランチタイム大盛りサー

ビス」などのPOP広告をよく見かけるかと思うが、これなども顧客を商品購買へと誘導する有効な手段といえるだろう。

「販促活動」は、試供品や見本の提供や景品の提供で販売を促す方法とイベントなどで商品を展示して販売する方法がある。販促活動は、「インセンティブ」として消費者に試供品や景品を提供し、購買を直接的に促すことを目的としたものだ。

これら4つのプロモーションを、対象とするターゲットに合わせて適切に組み合わせることを「コミュニケーション・ミックス」というのだが、店舗経営においては店舗のある商圏毎にこれを立案実行してゆくことが重要になってくる。

第５章のまとめ

1.マーケティングミックスとは、４つのP（プロダクト、流通チャネル、価格、プロモーション）を組み合わせて「ターゲット消費者」に売れる仕組みをつくる手法のこと。

2.プロダクトとは、消費者に何らかの価値を提供するもの。コトラーは、これを「コア・ベネフィット（中核となる便益）」と定義した。

3.メーカーの新製品におけるプロダクト戦略には、製品そのものに加え、製品の機能やカラーなどのラインアップに関する製品ミックスも含まれる。

4.流通チャネルは、プロダクトを顧客に届ける媒介役を果たすもの。メーカーの新製品マーケティングの場合、流通チャネル戦略のコアは、製品販売の販路の優先順位を決定することとなる。

5.店舗経営では、一般的には客単価が低ければ商圏が小さく、高ければ商圏は大きくなる。

6.店舗経営では、エリアマーケティング（Area Marketing）の視点が重要。出店エリアの客層の特性をよく把握し、そのライフスタイルや嗜好、購買力などを反映したきめ細かな対応が求められる。

7.店舗経営における価格は、品揃えのなかで設定することが必要。

第6章

リピート客を囲い込め

★リピーターをどう増やすかが会社の成長に欠かせない！【エピソード6】

仲良し3人組の議論が白熱するなか、新型ロボット掃除機のマーケティング提案策定のレポート締切りがいよいよ明後日に迫っている。

「ここまでのところでマーケティング戦略の骨格は固まってきたと思うんだけど、どうかな？」

小峰の一言に山口は、

「甘いよ、小峰君。マーケティングが本当に機能するかは、このロボット掃除機を消費者が本当に手にとってお金を払って、お客さんになってくれるかどうかに掛かっている訳だから。

そこのところの仕掛けをもう一度点検しないといけないよ」

鈴木もうなずいて、

「そうね。重要なことは製品を買ってもらうだけでなく、会社のお得意様になって何度でも買ってくれることだと思うわ」

「なるほど。そうすると、このロボット掃除機を購入してくれるお客様は、うちの会社の製品のファンで買ってくれる人だけでなくて、他のメーカーのロボット掃除機を持っていて、このロボット掃除機に買い換えてくれる人へのアプローチも考えないといけないことになるね」

小峰は、山口、鈴木の話を受けて、これから検討すべき内容に合点がいったようである。

◆顧客戦略と顧客資産

企業経営で欠かせないのは「売上」を上げることだ。いかに素晴らしい戦略を語っても、売上が上がらなければ、経営は成り立たない。

社長は、一にも二にも売上を上げることに血眼にならなければいけない。

「売上を上げる」とは何かといえば、顧客を掴むことである。新しく立ち上げた会社であれば、とにもかくにも顧客を掴み、自社の得意客（リピート客）にしてゆくことが必要である。

顧客基盤を拡充するには、しっかりとした「顧客戦略（Customer Strategy）」の立案と実行が必要となる。

では、顧客戦略とは何か？　顧客戦略とは、簡単にいうと、顧客を獲得して増やすことだ。「顧客資産（Customer Equity）」を拡充して、得意客（リピート客）を増やすマーケティング」だといってもいい。

ここでいう「顧客資産」というのは、経営論でいう無形資産（intangible asset）になる。無形資産とは著作権や特許やブランドのように財務諸表に計上しにくい知的財産（＝有形資産でない企業の経営資源）のことだ。

最近では、人材や顧客のように企業の付加価値を生む源泉も無形資産に分類される。顧客資産は、企業の重要な競争力の源泉と見られるようになっているのだ。

次に、「新規顧客」と「既存顧客」に着目し、企業経営にもたらされる利益構造と顧客戦略の関係を紐解いてみよう。

◆新規顧客とＡＩＤＭＡの法則

どのような会社でも創業当初は、顧客がゼロのところからスタートする。創業してからしばらくは新規の顧客をいかに獲得するかが勝負となる。

ここで広告に関する著者で知られる米国のサミュエル・ローランド・ホールが提唱した「ＡＩＤＭＡ（アイドマ）の法則」を紹介しよう。「ＡＩＤＭＡの法則」とは、消費者が商品やサービスを認知してから購買に至る「購買行動」プロセスについての仮説である。

ＡＩＤＭＡとは、Attention（認知）→Interest（興味）→Desire（欲求）→Memory（記憶）→Action（行動）までの購買に係る一連のプロセスの頭文字から名付けられている。

ＡＩＤＭＡは、消費者が商品やサービスを知ってから、購買に至る心理的変化に着目し、

「買い手」中心の視点で消費行動プロセスを分析できるのが特徴だ。

ＡＩＤＭＡの法則でいう５つのプロセスは、消費者が購買するまでの段階を「認知レベル」、「感情レベル」、「行動レベル」の３段階に分けている。

「認知レベル」は、商品やサービスの存在を知る（Attention）段階。「感情レベル」は、存在を知った商品やサービスに興味（Interest）を持ち、欲しくなって（Desire）、記憶（Memory）に留める段階。そして、「行動レベル」は、その商品やサービスを最終的に買う行動（Action）に移す段階である。

ＡＩＤＭＡの法則を使うことで、新規の顧客に販売するために、「どうやったら売れるか？」という漠然とした疑問ではなく、売れない理由は何で、それはどのプロセスに問題があるのかが明らかになり、解決策を導きやすくなる。

◆商品特性とＫＢＦ分析

ＡＩＤＭＡの法則を用いれば、どのような商品を対象としても消費者の購買行動を分析することが可能だ。しかし、その商品特性とＫＢＦ（主要購買要因）の違いを理解した上で分析することが必要なのである。

図表6－1 AIDMAの法則

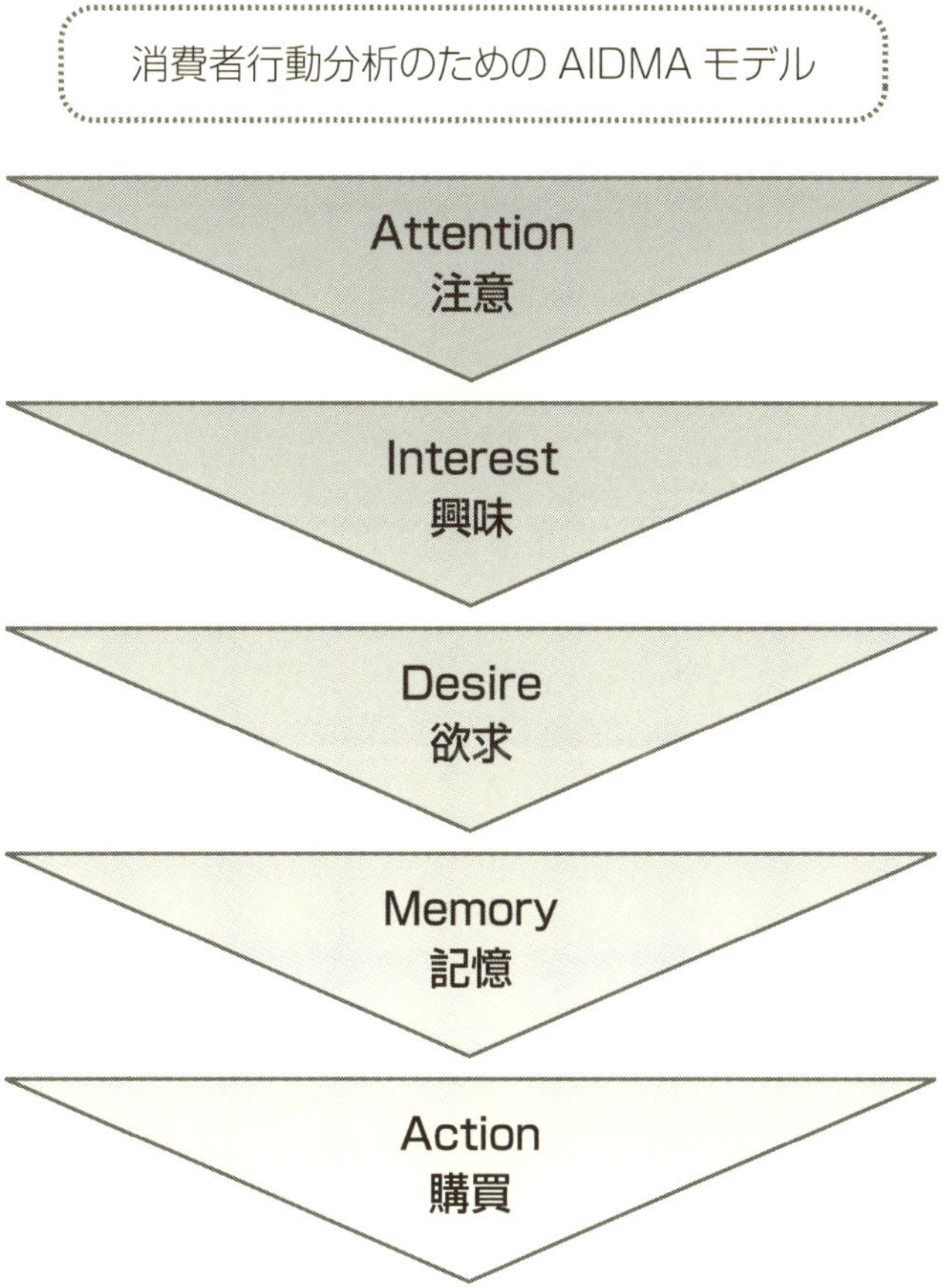

出典：『マーケティングの実践教科書』を参考に著者作成

消費者の購買行動によって商品を「最寄り品」「買回り品」「専門品」の３つに分類できることを第５章で紹介した。

コンビニやスーパーマーケットで毎日のように買う生活雑貨や食品のような「最寄り品」。都会の繁華街にある百貨店や専門店などで買う「買回り品」。そして趣味性の高い「専門品」とでは、ＫＢＦは当然、異なる。

ＫＢＦ（主要購買要因：Key Buying Factor）とは、消費者が買い物をするときに、その商品を購入する決め手となる主要な要因のことである。

ＫＢＦは、価格の安さが決め手となる「価格要因」、高いブランド力や信用が決め手となる「イメージ要因」、購入のしやすさやチャネルが決め手となる「流通要因」、接客の良さやサービスのレベルが決め手となる「サービス要因」などが複合的に組み合わさって形成される。

これを自動車ディーラーの場合に当てはめて考えてみよう。

自動車は、ブランドバッグや趣味性の高い製品のほか、高級家具や衣料やピアノ等と同様に「専門品」に分類される。

ＡＩＤＭＡの法則でいえば、Ａ（認知）からＭ（記憶）までのプロセスをスムーズに辿ることができれば、Ａ（行動）は比較的容易に行き着くことができる。

自動車ディーラーの場合、その商圏は半径5キロ内外、車で15分程度が標準とされる。輸入車ディーラーの場合は、その倍程度まで広がるかもしれないが、いずれにしても顧客はその範囲内から獲得するのが前提条件となる。

つまり、自動車ディーラーの商圏として考えられる半径5キロ〜10キロ程度を主要ターゲットに広告を打つ。そして、その広告によって、ディーラーの商圏の潜在顧客を惹きつけるKBFを見出して、来店を促す作戦を採るのである。

ある地域で新規に自動車ディーラーが店舗を構える時、既に他の地域に店舗を持っている自動車ディーラーであれば、新規出店エリアにもっとも近いエリアにある店舗の顧客を新規店に誘導するような施策を打って、いち早く新規店の顧客獲得を図ることは重要である。

しかし、まったく、そのエリアにない初めての出店であればどうだろうか。その場合は、「あのディーラーはいいね」という評判を一から積み上げることが必要となる。

そうなると、AIDMAのプロセスで商圏にいる潜在顧客をあらゆる手段で来店させ、一度、その店舗のサービスや接客の良さ、そして、そのディーラーで扱っているクルマの良さを体験してもらい、良い評判を作ってゆくしか道はない。

すなわち、AIDMAの認知レベルと感情レベルにフォーカスした「チラシ」や「ネット広告」などでターゲットとなる潜在顧客に訴えるということなのである。

◆AIDMAの法則と自動車販売

ＡＩＤＭＡの法則は、「どのように知ってもらうか？」「どのように関心を持ってもらえるか？」「どのように欲しいと思ってもらえるか？」「どのように覚えてもらえるか？」「どのように買ってもらえるか？」といったピンポイントで使う。

そうすることで、顧客戦略の問題点を探し出し、これを解決する具体策のヒントを見つけるのに役に立つのだ。

ここでＡＩＤＭＡを自動車ディーラーのケースに当てはめ、プロセス順にもう少し考えてみよう。

(1)顧客は店の存在を知っているか？（Attention）

自動車ディーラーが新規の店舗開設をするときに真っ先に取り組むべきは集客だ。

ディーラーの店舗開設に際しては、商圏を調査した上で立地候補を吟味し、どのような客層がターゲットになるかをまず把握する。

次にいよいよ、店舗開設となったら、見込み客（潜在顧客）に当たりをつけて、適切な告知をする。店舗のコンセプトや立地周辺の客層を見極めて、サイトやSNSでの告知や地域のフリーペーパー、折り込み広告、あるいはチラシの配布や看板などを使って見込み客に知ってもらうこと。それは、集客に成功する上で最初にクリアすべき課題である。

(2)顧客は店舗に興味を持ったか？（Interest）

見込み客に店舗の存在を知ってもらったならば、その次には興味を持ってもらうことが必要だ。「興味を持つ」には、見込み客は何が興味かを探ることが必要だ。自動車ディーラーの集客力といえば、何といっても販売するクルマの魅力に尽きる。同じメーカーのクルマでもミニバンやSUV、軽自動車からセダン、スポーツタイプのクルマまで多種多様だ。また、同じ自動車メーカー系列のディーラーでも立地するエリアによって、見込み顧客の属性は異なる。したがって、自ずと店先に並べるクルマやアピールすべきクルマは異なってくる。加えて、店舗独自のキャンペーンや特徴をアピールして、店舗そのものに興味を持ってもらう工夫も必要である。

(3)顧客はディーラーに行きたいと思うか？（Desire）

興味を持ってくれた見込み顧客に「ディーラーに行ってみようか。」と思わせる一押しをするのがこの段階だ。クルマに興味を持ってくれた見込み顧客には、「試乗会キャンペーン」を打ち出すのもいいだろう。家族連れを呼び込みたいのであれば、子供や主婦が興味を持つイベントを開催するのも一案だ。

ただし、新規店舗開設や新車発表の時の施策と通常時の施策は使い分ける必要がある。なぜなら、販促費は限りがあるため、費用対効果を重視したならば、ピンポイントでの販促と定常的な販促は分けないと販促費ばかりが膨らんでしまうからである。

(4)顧客は店舗でクルマを購入してくれるか？（Memory）

この段階は、最後の一押しの段階である。「機会があれば、ディーラーでクルマを見に行こう」と考えていても、実際に店に来ない見込み顧客に「来店するきっかけ」をどう提供するかが課題となる。この対策としては、新聞の折り込みチラシやイベント券を配布したり、ショッピングセンターにオープンショールームを開設してクルマに触れる機会を提供したり、具体的に見込み客に働きかける工夫をしてみることだ。

(5)顧客が店に来ない理由は何か？（Action）

最後の段階は、すべての条件が揃っていながら何らかの理由で見込み顧客が来ない場合の原因を探る作業である。

店の商圏エリアにファミリー層がたくさんいるのに来店数が少ない場合、たとえば、子供がいるのでお店に連れてくるのも気が引ける、クルマは見てみたいが店に入ると強く勧誘されて意に反して買わされてしまうのではないか、等いろいろな原因が推測できる。

このように見込み顧客にアピールできているのに、何かのボトルネックがゆえに来店客が増えない時は、店の構えを変更したり、キッズコーナーを設置してみたり、接客の仕方を変更したり、といった対策を採ることが必要だ。こうした最後の原因をクリアにすることで一気に顧客が増えることはままあることなのである。

◆リピート客が重要な理由

会社が持続的に成長を続けてゆく上で、しっかりした顧客基盤を作り上げることは何よりも重要だ。

しかし、経営学者のコトラーは、平均的な企業の場合、年平均10％ずつ顧客が離れていることを指摘している。

それが事実ならば、毎年、その脱落分以上の新規顧客を獲得しなければ、顧客の数は減少の一途ということになってしまう。

だからといって、たとえ毎年10％ずつ顧客が離れても毎年20％ずつ新規の顧客を獲得していけば大丈夫なのだと短絡的に考えてはいけない。

リピート客は自社のサービスや製品に満足している顧客である。サービスや製品に満足している顧客が知人や友人に「口コミ」で評判を立てる。そうした「口コミ効果」は良い評判の好循環を生み、顧客が一気に広まることが期待できる。

そして、リピート客は、サービスや製品に対する顧客自身の評価の表われであるということも忘れてはならないだろう。リピート客が増え続けている限り、会社の経営者は自社のサービスや製品に対する顧客満足度が一定の水準にあることを確認できる訳なのだ。

「バイラル・マーケティング（Viral marketing）」という言葉がある。これは顧客や有名人を活用して自社のサービスや製品を宣伝してもらう一種の間接的なマーケティングの方法だ。

バイラル・マーケティングの具体例としては、自社のサービスや製品を顧客の知人・友人に紹介してもらう仕組みを設ける方法がある。

「知人・友人紹介キャンペーン」と銘打って、顧客を一人紹介する毎に割引券や特典ポイント、現金キャッシュバックをする方法などがその典型例だ。

しかし、こうした方法を用いてもリピート客が継続的に生まれるのは、会社の努力次第のところがある。会社が提供するサービスや製品が顧客に満足を感じさせなければ、まさに本末転倒の空論になってしまうのである。

◆ＰＩＭＳから顧客ロイヤリティへ

ここで企業収益と顧客満足度に関する経営学研究の系譜について紹介し、顧客満足度と顧客ロイヤリティ（忠誠心：Customer Royalty）の関係について考えてみよう。

１９７０年代の米国でハーバード大学や米国ＧＥ（ゼネラル・エレクトリック）社などを中心にＰＩＭＳ研究が盛んに行われた。

ＰＩＭＳ研究とは、Profit Impact of Marketing Strategy の頭文字から名付けられた市場戦略が企業の収益に及ぼす影響についての実証的研究のことだ。

ＰＩＭＳ研究では、マーケットシェアが高いほど企業の業績、つまりは投資収益率が高くなるという経験則が発見されたが、その結果は多くの企業経営者に影響を与えている。

米ＧＥ社のジャック・ウェルチＣＥＯといえば、１９８１年から２００１年までの20年間の在任中に売上高を5・2倍（250億ドル→1300億ドル）、時価総額を30・8倍（130億ドル→4000億ドル）にしてエクセレントカンパニー伝説を築いた人物として余りにも有名だ。

その彼が、マーケットシェアが1位と2位のSBU（戦略的事業単位）のみに経営資源を集中してきたのもPIMS研究の成果である。

しかし、最近になってマーケットシェアが企業業績にとって必ずしも最重要でないケースが見られるようになってきた。

たとえば、サウスウェスト航空があげられる。

サウスウェスト航空といえば、航空不況にもかかわらず好業績を続ける航空会社として最近、特に注目を集めている会社だ。

米国テキサス州ダラスに本拠を置くサウスウェスト航空は、格安航空会社（LCC）なのだが、その業績は同社よりずっと大きなユナイテッド航空やアメリカン航空を大きく凌いでいる。

このことは、事業規模、つまり、マーケットシェアが必ずしも企業業績と結びつかないことを示しているのだ。と同時に、PIMS研究の法則が最近は必ずしも当てはまらなくなったことを証明しているといえる。

その背景には、PIMS研究が流行った1970年代の工業化社会と21世紀のサービス化社会における経営環境の違いがある。今日の経営論で、「顧客満足度」や「顧客ロイヤリティ」が俄然、注目を集めるようになっているのも、そうした時代の流れである。

◆顧客満足の定義と顧客満足マトリクス

では、経営論の領域でなぜ、「顧客満足度」や「顧客ロイヤリティ」が注目されていのだろうか？　ここで、その背景や理由を経営学研究の系譜と関連付けて説明しておこう。

まずは、「顧客満足（Customer Satisfaction）」の定義だ。

顧客満足についてコトラーは、「マーケットシェアは過去に関する指標であり、顧客満足は将来に関する指標だ」と述べている。そして、こうも述べている。

「マーケットシェアというのは結果であり、それを追い求めていたのでは将来の企業業績を向上させることにはつながらない。将来の企業業績向上に寄与するのは顧客満足の追及にある」と。

では、顧客満足とは何か？

次頁の図表6-2を見てほしい。この図は「顧客満足マトリックス」と呼ばれるものだ。

図表6-2 顧客満足マトリックス

顧客満足は、期待値とサービス価値の相対関係で決まる

		サービス価値（PERFORMANCE）	
		高い	低い
期待値（EXPECTATIONS）	高い	満足（Satisfied）	不満（Dissatisfied）
	低い	大満足（Delighted）	満足（Satisfied）

出典：Knauer 1992

この図は、「顧客満足」を、顧客の「期待値（Expectation）」と企業が提供する商品やサービスの「成果（Performance）」の差分によって定義している。

すなわち、顧客の期待値が低ければ、より高い成果を提供すれば顧客は大いに満足（Delighted）するし、顧客の期待値が高いのに低い成果しか提供できなければ、顧客は不満（Dissatisfied）となる。

このことから、「顧客満足」は顧客の期待値と提供される成果との間の相対的な関係で決まるということがわかるだろう。つまり、顧客満足を高めるのに、ただやみくもに高い成果を追及してはいけない。顧客の期待値をきちんと把握する、あるいはコントロールすることで、より効果的に顧客満足が得られることがわかるのである。

◆顧客満足度と顧客ロイヤリティが高まるとどうなるのか

では、顧客満足度と顧客ロイヤリティが高まると事業経営にどのような影響を及ぼすことになるのだろうか？

次頁の図表6−3は、ハーバードビジネスレビュー（March-April,1994）に掲載された米国ゼロックス社の調査データで顧客満足度と顧客ロイヤリティの関係を示した図である。

図表6-3 顧客満足と顧客ロイヤリティの関係

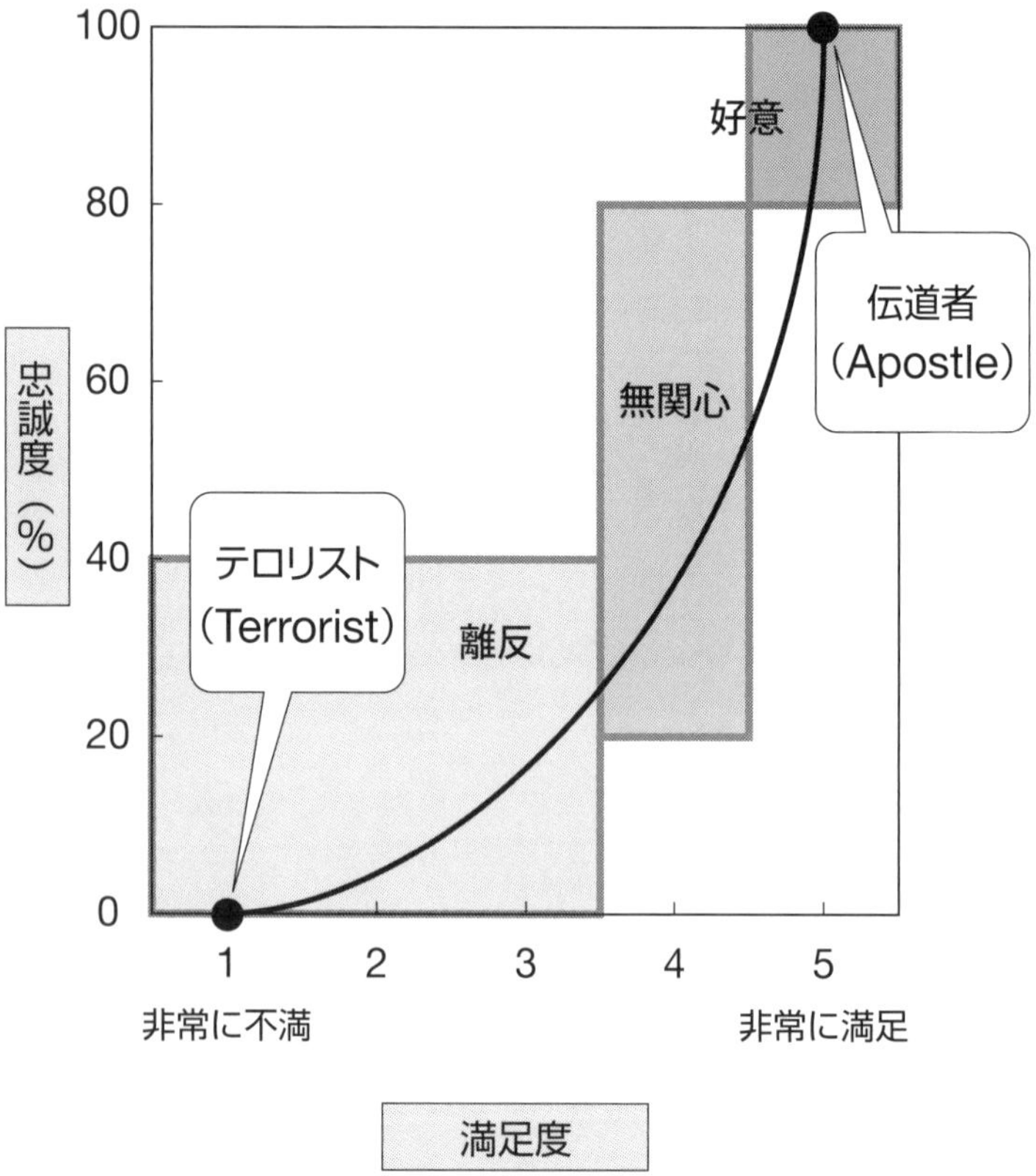

出典：Harvard Business Review（March–April'94）

横軸は顧客満足度を数値化したもので、1を非常に不満、2をやや不満、3をどちらでもない、4をやや満足、5を非常に満足としてある。縦軸は顧客ロイヤリティを示したもので0から100までゼロックス社製品の購入率のパーセントでプロットされている。

ここで注目して欲しいのは、顧客満足度と顧客ロイヤリティの関係だ。

顧客満足度と顧客ロイヤリティの組み合わせで、「テロリスト（Terrorist）」「離反（Defection）」「無関心（Indifference）」「好意（Affection）」「伝道者（Apostle）」に分かれている。

なかでも満足度が4から5という比較的高いレベルにある顧客のロイヤリティが20数パーセントから70パーセントまでばらついていることがわかるだろう。

また、このゾーンの顧客が「無関心」「好意」のゾーンに分類されていることから、真にロイヤリティの高い顧客を生み出すことが非常に困難であることも読み取れる。

一方、顧客満足度が非常に低い顧客の一部は、いわゆる「テロリスト」となり、その商品やサービス、さらには企業全体の「悪評」を周囲にばらまいてゆく。

「テロリスト」になる不満を持つ顧客は、顧客全体のなかでごくわずかではあっても、評判を落とす影響力は甚大だ。

◆クレーム処理のあり方とその影響に関する「ジョン・グッドマンの法則」

こうした不満を持つ顧客のクレーム（苦情）処理のあり方と影響に関する「ジョン・グッドマンの法則」というのがある。この法則は３つある。

一つ目は、不満を持った顧客の再購買率に関する法則だ。顧客は買った商品やサービスに不満を持っても、ほとんどの顧客は何も言わずに黙って去る。

クレームをいう顧客は、不満を持つ顧客のなかでも少数派であるが、企業側が適切にクレーム処理を行って、その顧客が対応に満足すれば、82％が再び購入する。

二つ目は、クレーム処理に失敗した時の悪評の影響度に関する法則である。

クレーム処理に不満を抱いた顧客が立てる「悪評」は、満足した顧客が広める「好評」の2倍の影響度を与える。つまりは、クレーム処理に失敗すると顧客を「テロリスト」に転化させてしまう危険があるというのだ。

三つ目は、クレームの受付方法を明示することによる信頼度向上の法則である。

商品やサービスを買った顧客は、ちょっとした質問の受付先を明示していない企業には不信感を持つものだ。逆にきちんと受付窓口(クレーム処理を含む)を設置している企業に

図表6-4 ジョン・グッドマンの法則

第1の法則

クレーム顧客に対して企業が適切に対処すれば、
その顧客の再購買率は82%になる

第2の法則

クレーム処理に不満を抱いた顧客が立てる悪評は、
満足した顧客が広める好評の2倍の影響度を与える

第3の法則

クレームの受付方法を企業が明示することにより、
顧客の高い信頼感を得ることができる

出典：TARP社「消費財」市場データより

は信頼感が増す。このことをグッドマンの法則はあらためて示している。

さて、ジョン・グッドマンの法則から何を学べるのだろうか？

事業経営では、顧客獲得が命である。そのためにはＡＩＤＭＡの法則などを援用しながら、新規に顧客を呼び込む努力が必要だ。

しかし、せっかく顧客となってもリピートしてくれないのでは元も子もなくなる。

「サイレント・マジョリティ（Silent Majority）」という言葉がある。これは読んで字のごとく、「声を発しない大多数の人たち」という意味だ。

顧客戦略で重要なのはこうした「サイレント・マジョリティ」を対象に「声なき声」をすくい上げること。そのためには、クレームを発する顧客をマイノリティ（少数派）の意見と見とせずにきちんと対処することだ。

それは、クレーム顧客の背後にはその10倍、20倍の「サイレント・マジョリティ」がいるからである。

「サイレント・マジョリティ」の存在を感じながら経営することの大切さ。それを、教えてくれたのが、「ジョン・グッドマンの法則」なのである。

◆顧客ロイヤリティと継続的取引の理論

得意客（リピート客）は、企業に多大な利益をもたらすという研究はこれまでも様々な研究者によって行われてきた。米国の顧客ロイヤリティ研究で著名なコンサルタントのフレデリック・F・ライヒヘルド（Frederick F. Reichheld）は、その著書〝The Royalty Effect〟（HBSプレス、1996）で顧客と長期の取引を継続的に行うことが企業の利益を最大化すると述べている。

次頁の図表6―5は顧客ロイヤリティと継続的取引がもたらす利益との関係を示している。

この図の横軸は顧客と企業の取引年数を表している。そして、縦軸は顧客が企業にもたらす利益の大きさを表している。

この図を見ると、取引を開始して1年目の顧客は赤字であることがわかる。それは、初めて取引をして1年目の顧客には広告費や販促費がかかるためで、「顧客獲得コスト」の分、赤字になってしまうということになる。そして、取引が2年目に入ると、ようやく利益が出てくるのだが、3年、4年と、より長期間、継続的に取引ができれば、さまざまな追加

図表 6-5　顧客ロイヤリティと継続的取引の理論

顧客ロイヤリティの確立が利益を累増させるメカニズム

顧客ロイヤリティ ＝ **顧客が企業に忠誠心を抱いている** ＝ **顧客が離反しない状態にある**

顧客ロイヤルティが確立することによって、企業は顧客ライフサイクルを長期にわたってカバーできる。それに伴い、顧客から得られる利益は、

❶ ベース利益
❷ より多くの販売機会
❸ 取引長期化に伴うオペレーションコスト減
❹ 口コミによる新規顧客紹介
❺ ディスカウント不要（価格プレミア）

の 5 要素が組み合わさって、累増する。

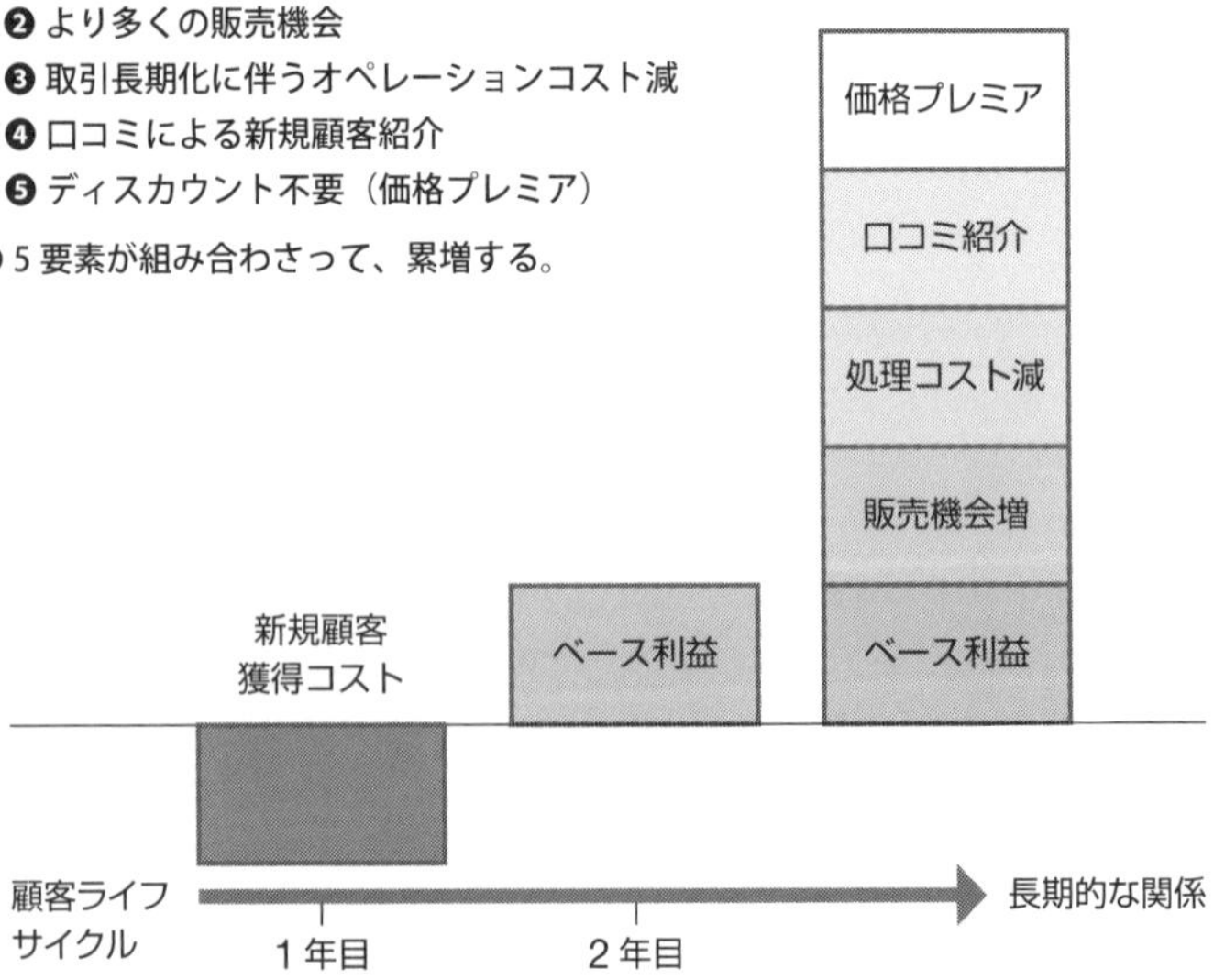

出典：“Zero Defections” Frederick Reichheld, Harvard Business Review 1990

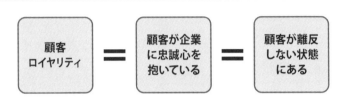

利益が生まれてくる。

ここで再び、自動車ディーラーの顧客取引を考えてみよう。

満足度が高い顧客の自動車メーカーへのロイヤリティが増すに従い、その顧客は知人や友人にその自動車メーカーのクルマを勧めてくれるかもしれない。また、もっと高額な自動車に買い替えたり（アップセル）、関連商品、たとえば、住宅とか保険などを買ってくれたり（クロスセル）とその顧客の「ウォレット・シェア」が高まってゆくのである。ここでいう「ウォレット・シェア」とは、ある人が一定期間に使うお金のなかで自社の商品やサービスが占める割合のことだ。たとえば、年間１００万円使う人がA社の商品・サービスに20万円使えば、A社のウォレット・シェアは20％ということになる。

このように、ロイヤリティの高いリピート客を1人つくることができれば、1台の自動車販売に留まらず、その何倍、何十倍もの大きな利益を会社にもたらすことが可能になるのである。

第6章のまとめ

1.顧客基盤を拡充させ、得意客（リピート客）を増やすことが、事業経営を軌道に乗せ、売上を安定させる一番の近道である。
2.顧客戦略とは、顧客を獲得して増やすこと。すなわち、顧客資産（Customer Equity）を拡充して、得意客（リピート客）を増やすマーケティングのことだ。
3.「AIDMAの法則」とは、消費者が商品やサービスを認知してから購買に至る「購買行動」プロセスについての仮説である。
4.AIDMAの法則は、売れない理由は何で、それはどのプロセスに問題があるのかを明らかにし解決策を導くのに役立つ。
5.KBF(主要購買要因：Key Buying Factor)とは、消費者が買い物をするときに、その商品を購入する決め手となる主要な要因のことである。
6.マーケットシェアというのは結果であり、それを追い求めていたのでは将来の企業業績を向上させることにはつながらない。
7.将来の企業業績の向上は顧客満足を追及することで達成される。
8.不満を持つ顧客のクレーム(苦情)処理のあり方と影響に関する「ジョン・グッドマンの法則」は、「サイレント・マジョリティ」の重要性を示している。
9.「サイレント・マジョリティ」とは、不満を持っても声を発しない大多数の顧客のことである。
10.顧客と長期の取引を継続的に行うことが企業の利益を最大化する。（フレデリック・ライドヘルド）

第7章 会社を存続させる数字の鉄則！

★新型ロボット掃除機の採算が合うように販売計画を練る！【エピソード7】

今日は早くも一週間の研修最終日だ。

今日の課題は、新型ロボット掃除機の販売計画を立てることである。

昨日、チームで策定したマーケティング提案を提出したのだが、新型ロボット掃除機が、きちんと採算が合うように計画をつくれ、という課題が出されたのだ。

「ここはしっかりと数字で考えないとだめだな。販売を拡大するためにはマーケティングにお金をかけないといけないし、かといって、かけ過ぎると、今度は赤字になってしまう。まずは、販売目標とかけられるマーケティング・コストを算出しないといけないな」

山口は、さすが、販売部門の営業マンとして業務に励んできたことが活きてくると、はりきっているようだ。

「そうだな。ところで採算を計算するには、どのような数式を使うんだい？」

工学部出身の小峰は、山口に聞いている。

「えっ⁉　実は俺は営業マンとして、上司に言われた製品販売をお客さんのところを訪問してセールスしてくるのが仕事だったから、そういう計画は立てたことがないんだよ」

急にトーンが下がってしまった山口に鈴木は、

「ここに、採算管理についての本があるから、皆でまずは読んで理解してから、計画作りを始めましょうよ」

3人は、早速、本を取り出して読み始めることにした。

◆売上－コスト＝利益の単純構図を忘れない

新たに会社を創業した新米社長、ないしは創業を目指す起業家が、真っ先に頭を悩ますのは、「資金繰り」である。

多くの会社の倒産の直接の原因は資金繰り悪化による資金ショートだ。資金繰り悪化による倒産は、起業まもなくの倒産ではよくある原因である。その原因は、煎じ詰めれば、甘い資金計画によるものが大半だ。

手元資金が潤沢な経営であれば多少の見込み違いは許容できるのかもしれない。しかし、自転車操業かそれに近い経営であると、「売上予測の見誤り」や「投資の見込み違い」による計画の下振れは時に致命傷となる。

企業経営の基本は、稼いだお金が会社の維持に必要なコストを常に上回ること。つまりは、「売上－コスト＝利益」の構図を常に頭に入れて経営することだ。この金勘定の単純な構図を忘れては、せっかく起業しても元も子もなくなってしまうのだ。

◆収益管理と損益分岐点分析

倒産した会社の例に見るまでもなく、会社を存続させてゆくには適正な利益を出し続ける姿勢が必要である。そのためにはファイナンスの考え方を理解し、会社の収支を絶えず管理して、安定した収益構造を維持することが肝心である。

ここで「損益分岐点分析」について説明しよう。

損益分岐点分析は、会社の収益構造を把握し、きちんと利益を上げるために、企業経営者は知っておくべきだ。

損益分岐点分析をすれば、会社がどれだけの売上なら利益が出るのか、あるいは、どれだけ売上が減少すると店舗の損失が膨らんでくるのかを知ることができる。

「損益分岐点」というのは、英語では「ブレイク・イーブン・ポイント（Break Even Point)」。損失と利益を分ける売上高を意味する。

損益分岐点分析によって求めた損益分岐点売上高が高い会社は、好況時には相応の利益が出せるが、売上が低迷すると、とたんに損益分岐点を割り込み、それが続いて危機的状況に陥ることもままある。逆に、損益分岐点売上高が低い会社は、売上低迷時にも相応の利益を出すことができ、「ゴーイングコンサーン（永続的に事業を続けるべき存在）」としての力が強いということになる。

損益分岐点（これをＢＥＰと呼んだりもする）を算出するには、「固定費（Fixed Cost）」、「変動費（Variable Cost）」、「限界利益（Marginal Profit）」、「限界利益率」を知らないといけない。

会社が損益計算書を作成する際に計上する費用は、損益計算書上の費目分類以外にもいくつか分類の方法がある。その代表的なものが、すべての費用を固定費と変動費に分ける方法である。

固定費とは、売上が増えたり減ったりするのに関係なく、常にかかる一定のコストのことだ。たとえば、賃貸料、従業員の毎月の給与、機器のリース料などだ。

仮に売上が立たなくてもこうした固定費は毎月必ず出ていくため、その出費額はしっかりと管理しておかないといけない。

一方、変動費は、売上の増減に応じて変化する。厳密には、売上の一単位の増減に対する変動コストである。たとえば、メーカーにおける原材料費、流通小売り会社における物流費や販売手数料などである。

売上、利益とこれら固定費、変動費の関係は次のように表すことができる。

◎売上高－変動費－固定費＝利益

限界利益と限界利益率は、損益分岐点分析に固有の概念といってよく、損益分岐点を算出するための一種の約束事と考えればよいのだ。これを使えば、損益分岐点を簡単に求めることができる。なお、限界利益のことを、英語でMarginal Profitという。これは、固定費をゼロにして利益を最大限に上げるとどうなるかという意味がMarginalに込められている。

限界利益を式で表せば次のようになる。

◎限界利益＝売上高－変動費

そして、限界利益が分かれば次の式で限界利益率が算出できる。

◎限界利益率＝限界利益÷売上高

なお、以下も成立する。

◎限界利益率＋変動費率＝１００％

ここで簡単なケースを用いて損益分岐点分析をしてみよう。

ケースではA社とB社という二つの会社を取り上げる。A社もB社も現在、売上高、利益共に全く同じとしよう。（図表7－1参照）

一見すると同じような会社のA社とB社。そうした2社の損益分岐点分析を行ってみる

図表7-1　現状の2社

	A社	B社
売上高	**50億円**	**50億円**
変動費	10億円	30億円
固定費	30億円	10億円
費用計	40億円	40億円
利　益	**10億円**	**10億円**
限界利益	40億円	20億円
限界利益率	80%	40%

出典：『数値化経営の技術』P.149

と、意外にも両者の収益構造の違いが分かるだろう。

ここで、景気がよくなって両社とも売上が倍になったとする。図表7-2を見てほしい。

固定費が変わらないとすれば、A社とB社が同じように売上が2倍になっても利益額には大きな違いが生じる。つまり、A社の方が利益の伸びは大きく、B社よりも6割以上利益額が大きくなっているのだ。

一方、不況になって両社とも売上が半減するとどうだろうか。その結果が図表7-3である。

図表7-3によれば、売上が半減すると、B社の減収率に比べ、A社の減収率の方が大きく、A社は赤字となってしまう。

このことから何が言えるだろうか。

図表 7-2 好況時の2社

	A社	B社
売上高	100億円	100億円
変動費	20億円	60億円
固定費	30億円	10億円
費用計	50億円	70億円
利　益	**50億円**	**30億円**
限界利益	80億円	40億円
限界利益率	**80%**	**40%**

出典：『数値化経営の技術』P.149

図表 7-3 不況下の2社

	A社	B社
売上高	25億円	25億円
変動費	5億円	15億円
固定費	30億円	10億円
費用計	35億円	25億円
利　益	**−10億円**	**0円**
限界利益	20億円	10億円
限界利益率	**80%**	**40%**

出典：『数値化経営の技術』P.150

簡単にいえば、限界利益率の高い会社は、経営環境の悪化に弱いということができる。

さて、損益分岐点とは、利益がゼロのときの売上高を意味する。売上高がそれを1円でも上回ればすぐに利益が出るポイントである。それがわかれば、最低限どれだけ販売促進を行えばよいかというボトムラインが明らかになる。

損益分岐点売上高は、限界利益率が算出されていれば、以下の計算式ですぐ求められる。

◎損益分岐点売上高＝固定費÷限界利益率

これにより、A社、B社の損益分岐点売上高を求めると、37億5千万円と25億円となる。前述の売上半減時のA社は損益分岐点を12億5千万円も下回っているため、赤字となっている。

損益分岐点と固定費、変動費、売上高の関係を図式化すると損益分岐点を超えたところから利益が出始める様がよくわかるだろう。

◆企業経営における損益分岐点と収益構造の関係

ここで、飲食業における損益分岐点と収益構造の関係について考えてみよう。具体例として高級フレンチレストランを考えてみる。

図表 7-4 損益分岐点

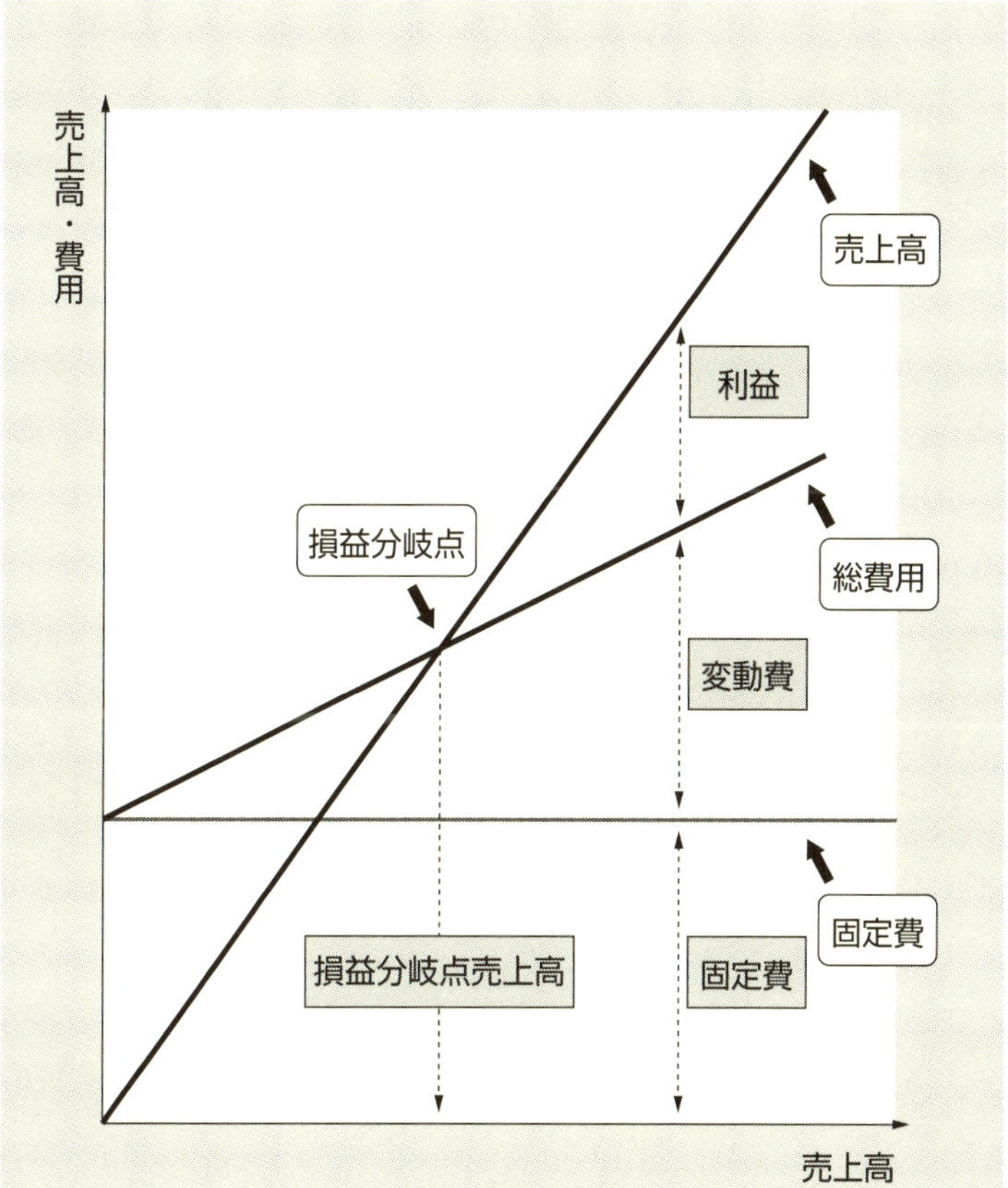

出典：『数値化経営の技術』P.150

高級フレンチレストランといえば、おいしい料理をワインなどといっしょにゆったりと食事する場面を思い浮かべるに違いない。

ここでは、少人数の顧客に何人もの給仕を待機させ、2時間かそれ以上の時間をかけながらゆったりと食事の時間を楽しんでもらうことを心がける。むろん、食材を供する食器も食卓などの家具や調度品も一流品が取り揃えられ、値段に相応しい最高のおもてなしが供されるのだ。

食事の料金相場は、一人1万円から時には数万円と庶民ではなかなか手が届かない価格帯になる。

たとえば、一般のレストランにあるビールと明らかに同じと考えられるビールの場合でも、フレンチレストランで飲むと数百円から千円以上、一つひとつのアラカルトメニューも数百円から何千円もしたりする。

しかし、このことは何も、このレストランがぼったくりをしているということにはならない。

これだけのサービスを提供するためには、それ相応の固定費がかかるからだ。

恐らく、レストランの限界利益率は70%から80%位になることが推測できる。つまり、高い固定費と高い限界率で損益分岐点は相当高いレベルにある訳だ。

このため、このような高級フレンチレストランは、売上が伸びて、固定客がしっかりと獲得できれば、一般のレストランに比べて、より大きな利益を得ることができる一方で、いったん客足が途絶え、売上が減少してくると高い損益分岐点が徒《あだ》となって、大きな損失を抱えてしまうのだ。

◆行列ができる〝立ち食い〟繁盛店の戦略

最近、大都市圏を中心に「立ち食いグルメ」が繁盛している。「立ち食い」といえば、少し前までは、立ち食いそば屋が定番であった。それが、ステーキやフォアグラ、トリュフなどの高級食材を供する「立ち食い」のフレンチやイタリアン、ステーキハウスが登場。通常の半分位の料金で高級レストランの味が食べられると大繁盛だ。

立ち食いレストランと高級フレンチレストランの収益構造の違いは何だろうか。

レストランを出店する場合、店舗を借りるための敷金や契約金のほか、厨房施設や内装工事代など多額の資金が必要だ。

しかし、高級フレンチレストランに比べてみると、「立ち食い」レストランは、低い固定費で高い利益を上げられる。

なぜなら、立ち食いレストランは、「立ち食い」であるがゆえに、平均店舗滞在時間が、着席型のレストランに比べて圧倒的に短い。蕎麦屋であれば5分に満たないであろうし、フレンチやイタリアンの店舗でも、30分からせいぜい1時間未満である。平均滞在時間が1時間半から2時間以上の高級フレンチレストランに比べれば、圧倒的な回転率だ。

こうしたレストランの売上は、店のオープン時間の間に顧客が何回転するかによって大きく変動する。しかし、高級フレンチレストランであれば、毎日の回転数がせいぜい2回転、場合によっては1回転であることもままあるであろう。

これに対して、立ち食いレストランであれば、5回転から7回転、やり方によってはさらに上を行くことも可能となる。

そして、店舗効率も断トツだ。店舗効率とは、店舗の単位面積当たりの売上高によって測定される指標で、レストランであれば、顧客の回転数と平均購買単価によって決まってくる。加えて、立ち食いレストランには、さらに考慮すべきメリットがある。立ち食いレストランの場合、着席式の通常のレストランに比べ、単位面積当たりに収容できる顧客数はずっと多い。なぜなら、テーブルも調度品もないので余計なスペースは不要であるからだ。

つまり、立ち食いレストランは高級フレンチレストランに比べて、狭い店舗で従業員を最小限揃えれば開店でき、固定費もずっと小さくて済むということなのである。

損益分岐点分析をすれば、立ち食いレストランは、固定費をできるだけ低くして、顧客の回転率を高め、一定数以上の固定客を獲得することが重要であることがわかる。また、高級フレンチレストランは、付加価値を高め、限られた顧客へのおもてなしを通して、高い料金でも受け入れられる店づくりが重要であることがわかる。

どちらも、それぞれの収益構造の特性に応じた経営をすべきで、それを踏み外した経営をすれば、たちまち赤字となり倒産の憂き目を見ることになるのである。

◆収益管理とマーチャンダイジング戦略

会社経営の収益管理のコアは、マーチャンダイジング（MD：Merchandising）戦略にある。マーチャンダイジングは、商品政策、商品計画とも訳されるが、取り扱う商品の品揃えや仕入れや配送など一連のプロセスを指していう場合が多い。

百貨店や量販店等におけるマーチャンダイジングといえば、対象とする顧客の好みや嗜好に応じて適切な商品を仕入れ、その販促から販売までを手がけることだ。そして、こうした商品の仕入れ計画から販売計画、予算計画までを総合的に行う業務である。

マーチャンダイジングの仕事でもっとも重要なことは、仕入れる商品の何が売れて、何が売れないのかを見極めて売れ筋の商品の品揃えを行うこと。そして、販促を計画して販売を主導し、最終的には利益を計上することである。

こうしたマーチャンダイジングの考え方は、メーカーや小売業、飲食業など、幅広い業種で有効である。

◆ABC分析で売れ筋を知る

マーチャンダイジングの仕事で、品揃え商品を数字で管理する方法としてABC管理という方法がある。

ABC管理は、重点管理とも呼ぶが、もともとは工場などの在庫管理を効率化するために、在庫品を売上高や売上数などに基づき上から順に「Aランク」「Bランク」「Cランク」「Dランク」というようにグループ分けを行って（これをABC分析という）、管理する方法である。

工場などでは膨大な数の原材料や部品、完成品を管理しているが、顧客からの注文や部品業者からの納品など煩雑な管理業務が日常のものとなっている。

こうした管理業務がいかに煩雑でも、在庫切れや部品の欠品などを発生させてしまった

図表7-5 ABC分析表の例

順位	品目	売上高（百万円）	構成比（%）	売上高累計	累積構成比	区分
1	a	8,200	46.1	8,200	46.1	A
2	b	4,500	25.3	12,700	71.4	
3	c	2,300	12.9	15,000	84.3	B
4	d	1,200	6.7	16,200	91.0	C
5	e	800	4.5	17,000	95.5	
6	f	300	1.7	17,300	97.2	
7	g	250	1.4	17,550	98.6	
8	h	100	0.6	17,650	99.2	
9	i	80	0.4	17,730	99.6	
10	j	60	0.3	17,790	99.9	

（著者作成）

図表7-6　パレート図の例

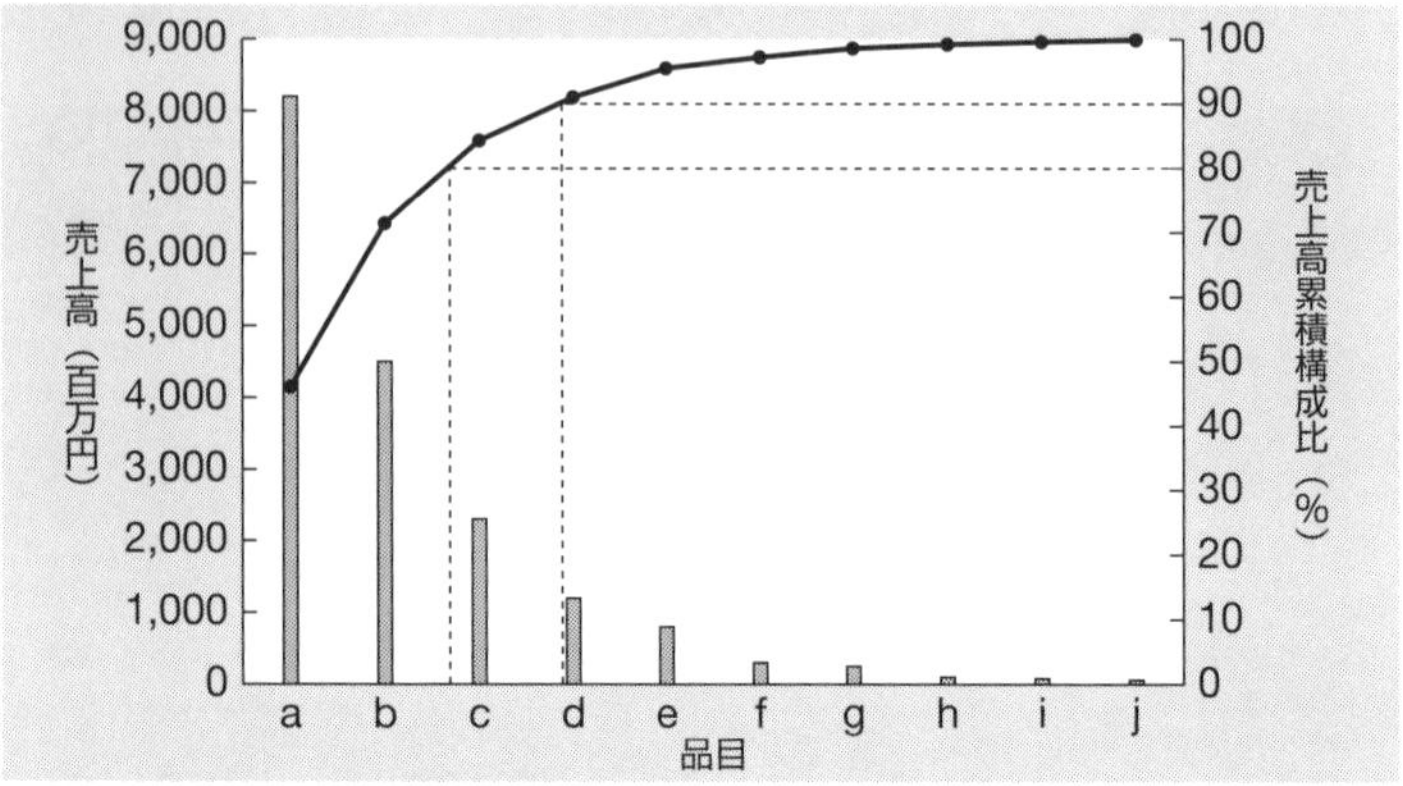

（著者作成）

ら工場全体の業務がストップし、大変な損失をこうむることになる。

そこで、ＡＢＣ分析を行って、より重要な管理対象を重点管理することによって、管理を効率化し、ミスをなくすのである。

ここでＡＢＣ分析についてケースを使って説明しよう。

一般的に、どのように多数の管理品目があってもある特定の品目が全体の相当程度を占めていることが経験則からわかっている。

この経験則を「パレートの法則」という。パレートの法則は、「80対20の法則」とも呼ばれ、「売上の80％は20％の商品がもたらす」「売上の80％は20％の顧客がもたらす」等、いろいろなケースの説明に使われている。

ＡＢＣ分析は、このパレートの法則の応用

と考えていいだろう。

ここである工場で、その品目をＡＢＣ管理することを考えてみる。実際の工場の場合、管理対象となる品目の数は1万とかそれ以上になるが、ここでは簡略にするために品目数を10としてみる。（図表7-5参照）

品目を売上金額で累計上位を占める品目群をＡランク、次の累計品目群をＢランク、その他の品目群をＣランクに分類してみよう。

パレートの法則では、80％がグループ分けの目安になっているが、この値は業界や業種によっても千差万別だ。このケースの場合は、累計80％までをＡランク、90％までをＢランク、その他をＣランクとしている。

図表7-6は、図表7-5のＡＢＣ分析の表をパレート図に展開し、表示したものだ。パレート図は品質管理の分野で使われるツールのひとつだが、販売マーケティング分野でも利用され、百貨店、量販店や飲食店にも応用されている便利なツールである。

◆アパレルショップのＡＢＣ分析とマーチャンダイジング戦略

さて、ここでアパレルショップのマーチャンダイジングにＡＢＣ分析を使ってみよう。

先に収益管理のコアは、マーチャンダイジングにあると述べた。

顧客がどのようなアパレル商品を好んで購入するのかを把握することで売れ筋を知り、アパレル商品の品揃えをどのように改定してゆくかの「マーチャンダイジング戦略」を立案する手立てを得ることができる。

ABC分析を使えば、ショップの人気アパレル商品、不人気アパレル商品を見分け、顧客の購買動向を知り、品揃えの改定や価格の変更策を練るためのデータを入手できるのである。

アパレルショップにおける店頭の商品数は、10坪程度の小さなショップといえども、100点から200点程度を扱う。しかし、セレクトショップのような店であれば、顧客の好みのテイストや色調やデザインに合致する売れ筋の商品を置いて、一定程度の販売回転数（年間で3回転から5回転程度）をこなさなければ、ショップの維持はままならなくなる。

そのためには、仕入れた商品すべてについて人気・不人気を把握し、適切な仕入れと販促計画を立案することが不可欠になる。

ABC分析を行う一番の目的は、売れ筋を把握し、仕入れや仕込み計画を調整することのほかに、余り売れない不人気商品を洗い出し、常に品揃えを見直して、必要に応じ取扱商品の入れ替えによるテコ入れ対象を浮かび上がらせるということがある。

もちろん、こうした品揃え改定を通じて、客単価や総売り上げの底上げを図り、全体としてショップの収益構造を改善するという狙いもある。

アパレルショップの品揃えのABC分析では、累計売上が50％〜60％位をAランク、60％〜70％位をBランク、70％〜90％位をCランクに分け、90％以上をDランクとする。

もちろん、このランク分けの累計パーセントは同じアパレルショップでも違うし、季節や時期による商品の入れ替えで品揃えの種類や構成が違っても構わない。要は、マーチャンダイジング戦略を考える上で、適切なラインで各ランクを分ければいいのである。

さて、ここに述べたようにA〜Dランクに商品を仕分けしたとしよう。このうち、Dランクの商品は、いわゆる不人気商品であり、次の品揃えの改定では新商品と入れ替えるか単純に品揃えのラインアップからはずす対象となる。

一方、Aランクの商品は、このショップの人気商品であり、今後、力を入れて販売してゆくべき対象となる。

ここで考慮すべきは売上だけではない。各商品の売価は、たとえ同じであっても、その原価の違いによって原価率は異なっている。

どの商品も一定の割合で儲かればいいが、実際にはそんなことはない。

図表7-7 アパレルショップのABC分析例

販売順位	品名	売上高(千円)	構成比	累積	
1	ボア・コート(ベージュ)	3100	22.06%	22.06%	A
2	カーディガン(ホワイト)	2850	20.28%	42.35%	
3	ビッグストール(起毛タイプ)	1900	13.52%	55.87%	B
4	カシミアタートルネック	1750	12.46%	68.33%	
5	プルオーバー・セーター	1200	8.54%	76.87%	C
6	スヌードマフラー	900	6.41%	83.28%	
7	ニットチノパンツ	700	4.98%	88.26%	
8	スマホ手袋レディース	580	4.13%	92.39%	D
9	小物入れポーチ	550	3.91%	96.30%	
10	襟ファー付ポンチョコート	520	3.70%	100.00%	
		14050			

ショップにある品揃え商品のなかで目玉商品を用意して、儲け度外視で集客のための価格を設定することもあるだろう。

また、一般的には、商品チョイスのグループ毎に原価率が似通っている。つまり、各種トップスやスラックスなどの衣類、小物のアクセサリー類や革製品などそれぞれに原価をベースとしたマークアップ率が設定されている。

コンビニエンスストアのなかで断トツの売上を誇るセブン-イレブンは、POS（Point Of Sales：販売時点管理）システムをいち早く導入し、コンビニ店頭で販売する商品と顧客情報を結び付けて、革新的なマーケティングと商品在庫管理を実現したが、それほど大規模なシステム投資などできない小規模なアパレルショップでもＡＢＣ管理は十分に実施可能だ。

ＡＢＣ管理では、商品販売のたびにレジから単価、品目名、日時を入力し、これを後日、出力して集計するシステムがあればよいのである。

つまりは、簡単なパソコンレベルでもＡＢＣ分析によるマーチャンダイジング戦略は十分立案可能なのである。

〈参考文献〉
・『数値化経営の技術―戦略行動のマネジメント（Best solution）』（鴨志田晃 著／東洋経済新報社、２００４年９月刊行）

第７章のまとめ

1.事業計画の基本は、稼いだお金が事業の維持に必要なコストを常に上回ること。つまりは、「売上－コスト＝利益」の構図を常に頭に入れて計画することである。

2.そのためにはファイナンスの考え方を理解し事業の収益構造を絶えず管理して、安定した収益構造を維持することが肝心である。

3.損益分岐点分析をすれば、どれだけの売上高なら利益が出るのか、あるいは、どれだけ売上が減少すると事業損失が膨らんでくるのかを知ることができる。

4.限界利益と限界利益率は、損益分岐点分析に固有の概念といってよく、損益分岐点を算出するための一種の約束事と考えればよい。

5.限界利益率とは、販売価格から変動費（材料費や部品等の原価）を引いた値の販売価格に対する比率のこと。

6.小売業の収益管理のコアはマーチャンダイジングにある。

7.小売業などの品揃えを数字で管理する方法としてABC管理という方法がある。

8.ABC分析を使えば、店の人気商品、不人気商品を見分け、顧客の購買動向を知り、品揃えや販売価格の変更策を練るためのデータを入手できる。

第8章
事業拡大の成功条件

★仲良し3人組の新しい勉強会がスタート‼【エピソード8】

仲良し同期3人組が研修を終えて、それぞれの職場に戻ってから1ヶ月が過ぎ、今日は久々に同期の飲み会である。

「やあ、この前の研修からずいぶんたったような気がするな」

小峰は1ヶ月ぶりに会う山口と鈴木に話し出した。

「そうね。でも一週間の研修は大変だったけど、配属職場にはない違った角度から会社を見つめ直す機会にもなって、すごく勉強になったと思うわ」

鈴木は、人事部のスタッフらしく研修の経験を振り返った。

「たしかに。営業現場では余り考えなかったマーケティングや製品開発の議論ができて、とても有意義だったと思うよ」と山口も、研修の成果には満足げだ。

「ねえ。最近、うちの会社で社内起業の提案を募集していて、100人以上の人が応募してきているの知ってる?」

鈴木が、社会起業家募集のプロジェクトについて話し出した。

「もちろん、知ってるさ。あれは、たしか、ちょうど今月、会社の組織改革で設置された新事業開発室のやっているプロジェクトだろ?」

山口がそういうと、小峰は、

「俺も募集しようかなんて考えているんだけど、いっしょに考えないか？」

と突然言い出した。

「えっ⁉」山口と鈴木はびっくりして、思わず小峰の顔をのぞき込んだ。

「実は、俺この前の研修で事業経営の魅力に取り憑かれたみたいで、実際のところ、ビジネススクールにも入学しようかなんて考え出しているんだ」

なんと、３人のなかでもっともビジネスに関心が薄いと思われたエンジニアの小峰が今回の研修で一番感化されたようだ。

「それにしても、何十店、何百店と全国的にチェーン店の展開している経営者は、たいしたもんだな。一体、何をすれば、こうした会社の社長になれるんだろう？」

小峰は、先月の研修で学んだ多店舗展開で事業を拡大しているチェーンオペレーションのサービス業や外食業のビジネスモデルにも大きな関心を持ったようなのだ。

「社内起業家募集プロジェクトの締切りは、まだ３ヶ月先だから、もしよければ３人で定期的に勉強会をしない？」

鈴木がそう提案すると、小峰、山口は、「それいいね！　是非やろう」と大賛成。

研修で集まった仲良し同期３人組は、こうして新しい勉強会がスタートすることとなった。

◆事業を拡大するとなぜ失敗を招くのか

どのような会社でもそうだが、事業を拡げれば、さらに人手がいる。資金もいる。コンビニのオーナー店主がチェーン店を展開する会社の社長となったとしても、自分の会社の店長をすべて自分でやることなどもちろん、不可能だ。

それどころか、すべての店舗に目を光らせてゆくことも立ち行かなくなるのは目に見えている。

つまりは、優秀な社員やアルバイトを採用し、優秀な店長やスタッフとして店を切り盛りできる、そうした社長の分身となる人材を多く抱えなければ、会社の経営は成り立たない。

脱サラをして自営で事業を立ち上げ、それが軌道に乗って従業員を雇い、事業拡大に踏み出したとたんに、たちまち業績が悪くなって倒産してしまったという話をよく聞く。

理由は「従業員が定着せずに、事業経営に失敗した」「自分の目が行き届く範囲では良かったが、事業拡大するに従い、サービスが低下して赤字になった」「積極的な事業投資を行ったが、競合が増えて、赤字に陥り、資金ショートを起こした」など、様々である。

それもこれも、はじめの店舗ではオーナー店主としての自分が店舗の運営すべてを切り盛りできたのに、2号店、3号店と店舗が増えるにつれて、「自分以外の誰か」に店舗の経営を任さなければならなくなってしまったことに原因がある。

当たり前の話だが、オーナー店主として培った経験は、昨日今日に採用したスタッフに受け継ぐのは無理だ。

自分の店であれば、死にもの狂いで働いてもその見返りは大きい。いや、その前に自分の店だという愛着もある。

しかし、単なる雇われ店長は、そうではない。店長といえども社員である。社長の自分と同じやる気を持たせるのは何大抵ではないのだ。

こうして、1店舗のオーナー店主から多店舗を展開するチェーン展開をする会社の経営者になった途端、これまで起きなかった問題が次々に目の前に現れてくることになるのである。だからといって逃げてはいられない。逃げてしまっては、これらの問題に対処できずに経営の失敗を招くだけだからだ。

◆経営者の役割を認識せよ

一店舗だけのコンビニ店主が事業拡大を考えるならば、経営者としての役割変化を明確に意識することが必要だ。

会社というのは事業規模が拡大すればするほど、関係先が増えて、複雑さが増す。それは従業員の数が増え、顧客の数が増え、売上げが増えるだけでなく、金融機関との付き合いや取引先との取引量も増え、さらには業界団体との付き合いなど関係先もどんどん増える。

そうなると、各店舗に店長やスタッフを配置しなければならないし、経理や人事のマネジャーや経営を補佐してくれる参謀など、事業拡大に伴って必要な人材の質も量も一気に広がってくる。

会社の事業規模を拡大すれば、事業が複雑化し、カバーすべき専門知識も考慮すべきリスク要因も増えるのだ。

外食チェーンであれば、万に一つの食中毒も出すことはできない。しかし、社長が毎日、すべての店舗の衛生状態をチェックすることなど到底できない相談だ。

つまりは、事業を拡大して多店舗展開する経営者の立場となれば、社長の自分がいなくても、会社が回る仕組みを作らなければならない。そうしないと、会社が立ち行かなくなってしまうのだ。

◆なぜ、多店舗化するのか

コンビニや食品スーパー、アパレルショップなどの小売業、不動産業や旅行業、ヘアサロンなどサービス業の経営者は、事業拡大の一番の方法として多店舗化を図ることが多い。

185頁の図表8－1を見てほしい。

店舗経営を行う会社が事業拡大する方法は、基本的には2つしかない。

ひとつは店舗数を増やすこと。もうひとつは、一店舗当たりの売上を増やすことである。

しかし、一店舗当たりの売上を増やすには、来店する顧客数を増やすか、一人当たりの客単価を増やすか、あるいはその両方の方法しかない。

もちろん、店舗の売上を少しでも増加させるために店長をはじめ経営陣が大変な努力をしなければならないのは当然だ。しかし、通常のオペレーション改善の延長上では、売上増加に限界があることもまた事実なのだ。

そうなると、もうひとつの要素、すなわち、出店を加速させて店舗数を増やしてゆくことしか、事業拡大の効果的な方法はないということになる。

ここで、さらに疑問が生まれる。

では、なぜ事業を拡大し続けないといけないのだろうか？

素人目に見れば、そこまで事業規模の拡大を追いかけなくてもいいではないか？　ある一定規模で満足すればいいのではないか？　と考えても不思議ではない。

その大きな理由には会社経営の特性によるところがある。

たとえば、スーパーマーケットのような小売業を考えてみよう。小売業はモノをつくる製造業に比べて、売上は大きくなる傾向がある。しかし、その一方で利幅が小さく、利益が出るまでに時間がかかる。

それは、とどのつまり、新たに出店しても投資回収に時間がかかるということを意味する。それは小売業の利幅が小さいために、手元のキャッシュフローがなかなか潤沢にならず、気が付けば自転車操業になってしまうということでもある。

それならば、店舗数を増やさなければ資金は必要ないかというとそうもいかない事情がある。なぜならば、店舗数を増やさなくても店舗設備を定期的に更新し、手間暇かけて、顧客が来店したくなる店舗環境を維持してゆかないといけないからだ。

そうでないと、顧客はあっという間に離れてしまうだろう。

となれば、一定期間にある程度、店舗を増やして全体の売上規模を拡大しながらキャッシュフローを増やしてゆくという戦略を採らざるを得なくなる。

図表8-1 店舗経営における売上拡大の基本原則

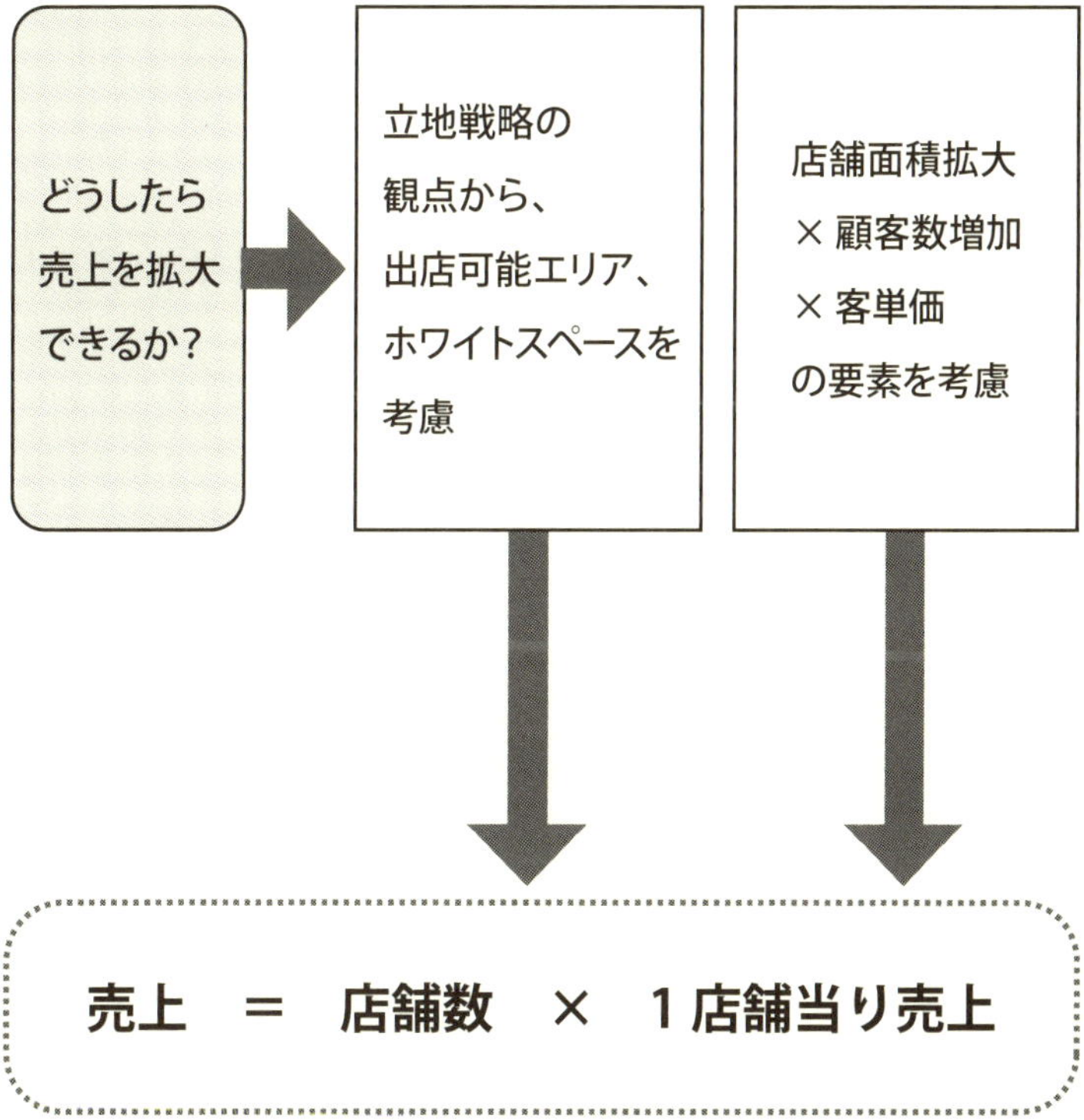

(著者作成)

しかし、こうした出店戦略も、順調に店舗の経営ができている間はいいが、何かの理由で店舗経営につまずきが生じれば、たちまち会社全体の経営悪化を招くリスクが内在していることをしっかりと意識しておく必要があるだろう。

◆戦略ピラミッドの視点で考える

ここで「店舗経営の戦略ピラミッド」に立ち返ってみよう。

店舗経営の戦略ピラミッドとは、第1章で説明したように、店舗経営の戦略を「全社戦略」「立地戦略」「店舗オペレーション戦略」の3つの階層から立案することを示したものである。

多店舗経営で売上拡大を目指す会社の社長ともなれば、創業の理念やビジョンの一つや二つは持っていよう。いや、持っているべきだ。

それは、全社戦略のレベルで語られるべきものであるが、同時に、立地戦略や店舗オペレーション戦略とも深く関わってくる。

社長の役割は何かと問われれば、それは、戦略ピラミッドの「全社戦略」「立地戦略」「店舗オペレーション戦略」の間が互いにちぐはぐにならないようにしっかりと統合

(Integration)を図ること。たとえば、お客様第一主義という経営理念を社長が唱えたなら、売上げが増えて、店舗がいかに増えようとも、そこから一切妥協しないように従業員一人ひとりにまで徹底させることである。

どれだけ店舗が増えても、店舗スタッフの対応からお店の造作の細部にまでこだわる経営をすべきだし、食材にこだわる経営を謳っているなら、顧客にうまい、さすがの食材だといわせるメニューを提供し続けることが必要なのである。

そうでなければ、顧客はまたたくまに離反してしまうにちがいない。

また、顧客のために魅力的な品揃えをしても、豪華で心地よい内装を店内に施しても、その結果、資金ショートを起こしてしまっては元も子もない。

そうした事態にならないよう目を光らせておくことが必要なのだ。

そのためには、社長の理念や戦略を店舗の隅々にまで行き渡らせる姿勢と仕組みをつくり上げることが必要になる。

先に述べたように一見、順調に見える出店戦略も何かのつまずきで店舗経営に綻びが出だしたら、会社全体の屋台骨が傾くのはあっという間である。

社長は、会社全体を見渡し、一つひとつの店舗を順調に経営するための仕組みづくりと維持、そして絶え間ない改良にこそ、すべてを捧げるべきだといっても過言ではないのである。

◆現場が大好きな社長の話

これはあるエピソードである。

ある小売流通チェーン会社のオーナー社長が毎週欠かさず実行していることがある。それは、全国に何十と展開している自社のチェーン店のなかから、毎週必ずどこかのお店に顧客として訪れ、買い物をしているというのである。

そのオーナー社長は、そうすることで、スタッフの対応や店の清潔度、商品の陳列状況、売れ筋やバーゲンセールの集客状況はもちろんのこと、店の従業員やお客様の活気など、本部にいては決してわからない現場の雰囲気を肌で感じることができるのだと教えてくれた。

「なぜ、そこまでされるのですか？」という筆者の質問に対して、

「皆さん、社長がそこまでチェックしたいのか？　と思われるかもしれませんが、そうではないのです。私にしてみれば、どのお店も自分の子供のようで、居ても立ってもいられない。それに、店舗の現場に行くと、お客様の嗜好の変化や新しい事業のアイデアなどが

次々に湧いてくるのです。もちろん、お店の運営で目に余るところは、さりげなく改善もさせたりはします。店長連中が一番嫌がるでしょうがね（笑）」

こうした社長の答えは、本音のように思う。

筆者の目からすれば、社長のこうした行動は、社長としての使命感というよりも、むしろ、趣味、楽しみとすら感じられたのも偽らざるところではある。

なぜ、このエピソードを紹介したかといえば、これこそが戦略ピラミッドの思考を実践していると感じたからなのである。

企業経営は、社長や役員だけでは成り立たない。店舗経営を営む会社であれば、マネジャーや店長、スタッフ、さらにはパートやアルバイトなど数多くの人たちによって成り立っている。

しかし、大企業病といわれるように伝統ある大企業では、経営トップの意識とマーケットとの距離が開き、遅く、誤った意思決定が時に屋台骨を揺るがす事態を引き起こす。

売上げを拡大し、成長している会社でも、油断をすれば、どこかの店舗から、綻《ほころ》びが見えてくる。

外食チェーンであれ、物販チェーンであれ、顧客がお金を落としてくれる現場は店舗であることを忘れてはいけない。

顧客が「コーヒーを味わう」のも「ショッピングを楽しむ」のも店舗においてである。そして、マーケットの変化も顧客のニーズも店舗にあってこそ掴むことができるのである。つまりは、顧客を相手に商売を営む最前線が店舗にあるということであり、経営がおかしくなるのも店舗から、戦略を展開するのも店舗から、であることをよくよく理解したうえで店舗経営を行うことが肝要なのである。

◆多店舗経営を支えるシステム化がカギ

多店舗経営を成功させるには、社長がいなくても、事業が回る仕組みを作り上げなければならない。

そのためには、多店舗経営を支える「システム化」とこれをマネジメントできる「人づくり」が最重要課題となる。

では、多店舗経営を支える「システム化」とは何であろうか？

ここで外食チェーンのケースを取り上げ、多店舗経営を支える「システム化」について考えてみよう。

いまや30兆円市場ともいわれる外食業界のなかにあって、成長を続けているの回転寿司業界だ。富士経済研究所の調査によれば、回転寿司業界の市場規模は、2012年時点で4812億円。前年比で5％の成長である。業界上位は、2014年〜2015年時点で最大手が、あきんどスシロー（売上高1259億円）、第2位がくらコーポレーション（売上高969億円）、第3位が、カッパクリエイトホールディングス（売上高876億円）である。

こうした現状の勢力図も、ほんの数年前まではカッパクリエイトホールディングスが業界首位であった。しかし、同社は数年前から、既存店売上高が前年割れとなり、客離れに苦しんでいる。

カッパ寿司がここまで苦しんでいる背景には、同寿司の売りである「安さ」が「安かろう。悪かろう」となって負のスパイラルに陥ってしまったということがあげられる。

一般的に回転寿司は生ものを扱うだけにファミレスなどに比べて高い食材原価率が特徴的だ。「どこも食材原価率は40％台半ばから50％だが、カッパは30％台後半だった」（『週刊ダイヤモンド　特集回転寿司　止まらぬ進化』109頁。2015年9月5日号）。

安さを売り物にしているため、食材原価も他社ほど高くできず、鮮度管理システムのシステム投資も導入されずに、鮮度を保つ仕組みが不十分であるなど、システムの改善が遅れがちになっていた。

その結果、客離れは加速し、ついには赤字に転落。２０１４年10月には外資大手で居酒屋や焼き肉チェーンなどを経営するコロワイドがカッパクリエイトホールディングスの傘下に入る（２０１４年10月27日付け日本経済新聞夕刊）こととなったのだ。

現在同社は「回らぬ寿司」の新型店舗を１００店展開する計画を発表するなど、巻き返しに躍起になっている。

ここで紹介するのは第2位のくらコーポレーションのケースだ。

回転寿司業界といえば、競争激しい外食業界にあっても、システム化競争が激しい業界で有名だが、なかでも世間をあっと言わせたのが、「寿司ロボット」に代表されるＩＴ・機械システムの導入だ。

回転寿司が世間に注目され、少しずつ浸透してから早や30有余年。業界では、激しいシステム化競争と淘汰が繰り返されてきた。

かつて業界1位だったカッパ寿司は、「特急レーン」と呼ぶシステムを投入し、顧客が注文した商品を通常レーンとは別に直通で届けるのを実現し、顧客満足度を急上昇させた。

そして、これを追う当時業界3位のくら寿司は、顧客が注文を席で自在に行える「タッチパネル」で顧客の心を掴んでいったのである。

上位3社に対する業界でのこれまでの特徴は、スシローの「ネタのよさ」、カッパ寿司の「安さ」、そしてくらコーポレーションの「ＩＴ化」であった。（『週刊ダイヤモンド特集　外食30兆円産業の新潮流』２０１６年5月22日号）

そもそも、回転寿司店が市場に出現した頃は、通常の寿司店のオペレーションとそれほど変わりはなかった。それが、年月の経過とともにどんどんシステム化が進み、業態進化を遂げていったのである。

外食店舗において重要な管理項目といえば、ＱＳＣに代表される、「商品の品質（Quality）」、「サービス（Service）の水準」、「店舗の清潔さ（Cleanliness）」だ。

回転寿司チェーンは、このＱＳＣを効率的に担保する仕組みとして、ＩＴ導入によるシステム化に取り組み、今日の隆盛を築いたといえるのである。

◆オペレーション・ノウハウのシステム化に成功した「くら寿司」

株式会社くらコーポレーションは、１９８４年、それまで営業していた通常の寿司店を改装し、「１００円で本物」をうたい文句に回転寿司屋として再スタートを切った。

それから、30年有余を経て、いまや同社はあきんどスシローに次ぐ回転寿司チェーンの一角を占めるまでになっている（２０１５年時点）。

同社の特徴は、先に述べたようにＩＴを駆使した店舗オペレーションの効率化にある。しかし、単なる効率化ではなく、「顧客が思わず注文してしまう」、「また来たいと思ってしまう」、そういった工夫がそこかしこに見ることができるのだ。

くら寿司の店舗オペレーションを、「接客オペレーション」、「生産オペレーション」、「後片付けオペレーション」（＊注　ＫＢＳケースより）に分けると、それぞれのオペレーション群毎にユニークなシステムが導入されている。

まず、「接客オペレーション」である。外食店の顧客満足度に大きな影響を及ぼす要素のひとつに、順番待ちをしている時の接客がある。行列のできるような繁盛店に限らず、ここでの接客に問題がある場合、顧客の不満を高めることがある。店舗オペレーションの立場からは、なんとしてもこれを避けることが必要だ。

くら寿司は、ここに「Ｅパークシステム」を導入し、顧客自らがタッチパネルで、テーブル席とカウンター席の選択を入力してもらい、残りの待ち時間と案内をスムースに行うことを可能にした。また、「フレキシブル・コンベアシステム」を導入し、店舗内の顧客数に応じてコンベアの動くエリアを調節可能にして、寿司の回転時間を必要以上に長くならないようにしている。

次に、「生産オペレーション」である。回転寿司店における生産オペレーションで重要なことは、第一に適切な寿司の供給。第二に適切な寿司の破棄。第三に適切な寿司の販促である。顧客は席に座ったならば、メニューやポップを見ながら、コンベアで流れてくる寿司を取るか直接注文を行って、欲しいものを食べてゆく。回転寿司店としては、コンベアに流す寿司の種類と量を顧客の数や特性に応じて決めてゆくのが通常だ。しかし、コンベアに流す寿司が多すぎたり、顧客の欲しいものとミスマッチがあったりすると、食中毒を防止するために、一定時間経過後には、これを破棄しなければならなくなる。

くら寿司は、ここにＩＴを駆使した生産オペレーションのシステムを導入した。具体的には、「タッチパネル」、「時間制限管理システム」、「ポップフローシステム」などだ。「タッチパネル」は前述の通り、顧客がタッチパネルを通じて注文を席で自在に行えるシステムである。また、「時間制限管理システム」は、コンベアに流れている寿司の皿の裏にあるＩＣチップを用いて、寿司を握ってから30分で赤ランプ表示、最大55分で自動廃棄を行って衛生管理を徹底するシステムである。

「ポップフローシステム」は、顧客をなるべくコンベアの寿司を食べてもらうよう誘導するシステムである。回転寿司店では、顧客からの注文に応えて寿司を握る「受注生産」よりも、コンベアに流れている寿司を食べてもらう方が効率が良い。そのためには、顧客の嗜好に応じた「見込み生産」を行ってコンベアに流し、できるだけ短時間に食べてもらうことが必要だ。そうすれば、寿司の廃棄率を低くし、その結果、利益率を高くすることができる。

最後が、「後片付けオペレーション」である。くら寿司には、他の回転寿司店と同様に顧客が食べ終えた時に皿の枚数をカウントする「皿カウンター」が備えられている。くら寿司の「皿カウンター」は、寿司を食べ終える毎に顧客に皿を投入してもらうようにしている。そうすることで皿の回収を都度行い、皿の洗浄も併せて行うことでオペレーション効率を格段に向上させることに成功したのである。

また、「びっくらポン」というシステムは、ファミリー層の集客に大きな効果を上げている。このシステムは寿司を5皿食べ終わる毎に目の前の液晶ディスプレイ上のルーレットが回転、当たりが出るとくら寿司のオリジナルキャラクターグッズがもらえる仕組みとなっている。子供にとってみれば、寿司を食べながらゲーム感覚でおまけがもらえる訳でついつい5皿目を注文してしまうのだ。うまい仕掛けを考えたものである。

今日では、くら寿司以外の回転寿司チェーンもＩＴを駆使して同様に様々なオペレーション上の工夫をこらしている。業界首位のスシローは、最近はくらコーポレーション以上にＩＴを駆使したオペレーションの効率化に取り組んでいる。スシローではすべての皿にＩＣチップを取り付けて、どのような顧客がどのタイミングでどのネタを食べるのかという膨大なデータを集め、ネタのロス率を１・５％に抑えることに成功している。（『週刊ダイヤモンド　特集回転寿司　止まらぬ進化』１０３頁。２０１５年9月5日号）

このように回転寿司チェーンは、外食レストランといいながら、ＩＴシステムを駆使した仕組み競争をしながら、差別化を果たしてきたといえるのである。

「店舗経営の戦略ピラミッド」に基づくならば、回転寿司チェーンのこのようなシステム化は、店舗間で生じやすいサービスや商品ばらつきをなくし、一定の品質を担保することに貢献している。そして、回転寿司店舗の現場ノウハウを、全社で共有化する多店舗経営ならではの取り組みといえるのだ。

◆６Ｐマーケティングと人づくり

多店舗経営を成功させる最重要課題のもう一つは、「人づくり」だ。

店舗を起点とするビジネスは、外食店舗であれ、物販店舗であれ、サービスを無視することができない。

店舗をチャネルという無味乾燥な捉え方で位置付けてきたのが、近年までのプロダクト・マーケティングの考え方だ。しかし、21世紀に入り、サービス経済化、知識社会化が進展するにつれて、サービス・マーケティングの考え方がこれまで以上に注目されるようになった。サービス・マーケティングとは、モノ中心のプロダクト・マーケティングと対比して議論されることが多いのだが、サービスに注目され出したのはつい最近のことである。

本書でも第4章、第5章では、あえてサービス・マーケティングの考え方を持ち込まずに、いわゆる従来のマーケティングの考え方を紹介してきた。

マッカーシーの4Pは、プロダクト、流通チャネル、価格（プライス）、プロモーションの4つの要素だった。サービス・マーケティングでは、これに2つのPの要素が加わり6Pに増えている（別の説では、7Pというのもあるのだが、この説明は割愛する）。

では、4Pから6Pに増えた2Pとは何なのだろうか？

増えた2Pの一番目のPは、「接客スタッフ（Personnel）」のPだ。サービスというのは、人が何らかの形で介在することが多い。読者の皆さんが顧客としてホテルに行けば、ベルボーイやフロントスタッフ、ウェイターやコンシェルジェなどあらゆる場面でホテルのスタッフと接点を持つことになる。レストランに食事に行けば、受付のスタッフやウェイターと接点を持つだろうし、アパレルショップに買い物に行けば、店舗スタッフやレジのスタッフと接点を持つことになるだろう。

もしも、これらの接客スタッフの対応がいい加減だったら、あなたは、そのホテルやお店に二度と行きたくないと思うかもしれない。

つまりは、接客がとても重要であり、あなたがそのホテルやお店のお得意様、すなわちリピート客になるかどうかは、接客が重要な鍵になるのである。

そして、二番目のPは、「顧客参加（Participation）」のPだ。顧客参加とは、顧客がサービスをどのように受けるかの形態や方法を指す。たとえば、美容院に行ったとしよう。顧客は美容院で受付を済ませ、混んでいれば、待ち合いのスペースに案内されるだろうし、予約をしていれば、すぐにでもカットをしてもらう場所に案内されるかもしれない。美容院でのサービスといえば、カットやカラーリングやパーマなどだ。洗髪もある。この間、顧客は美容院に流れているBGMを聞きながらゆったりとしたチェアで目をつむっているかもしれない。

そうこうしているうちに一連のサービスを終えて、会計に進むだろう。最後は、お店のスタッフの笑顔に送られながら、店を後にする。

このような一連のサービスの流れは、お店の側のサービスであることは確かなのだが、そこにはそのサービスを受ける顧客が必ずいる。

サービス科学では、サービスを「価値の共創（Value Co-Creation）」と定義している。

つまり、サービスはサービスを提供する側（Service Provider）とサービスを受ける側

図表8-2 6Pマーケティングミックス

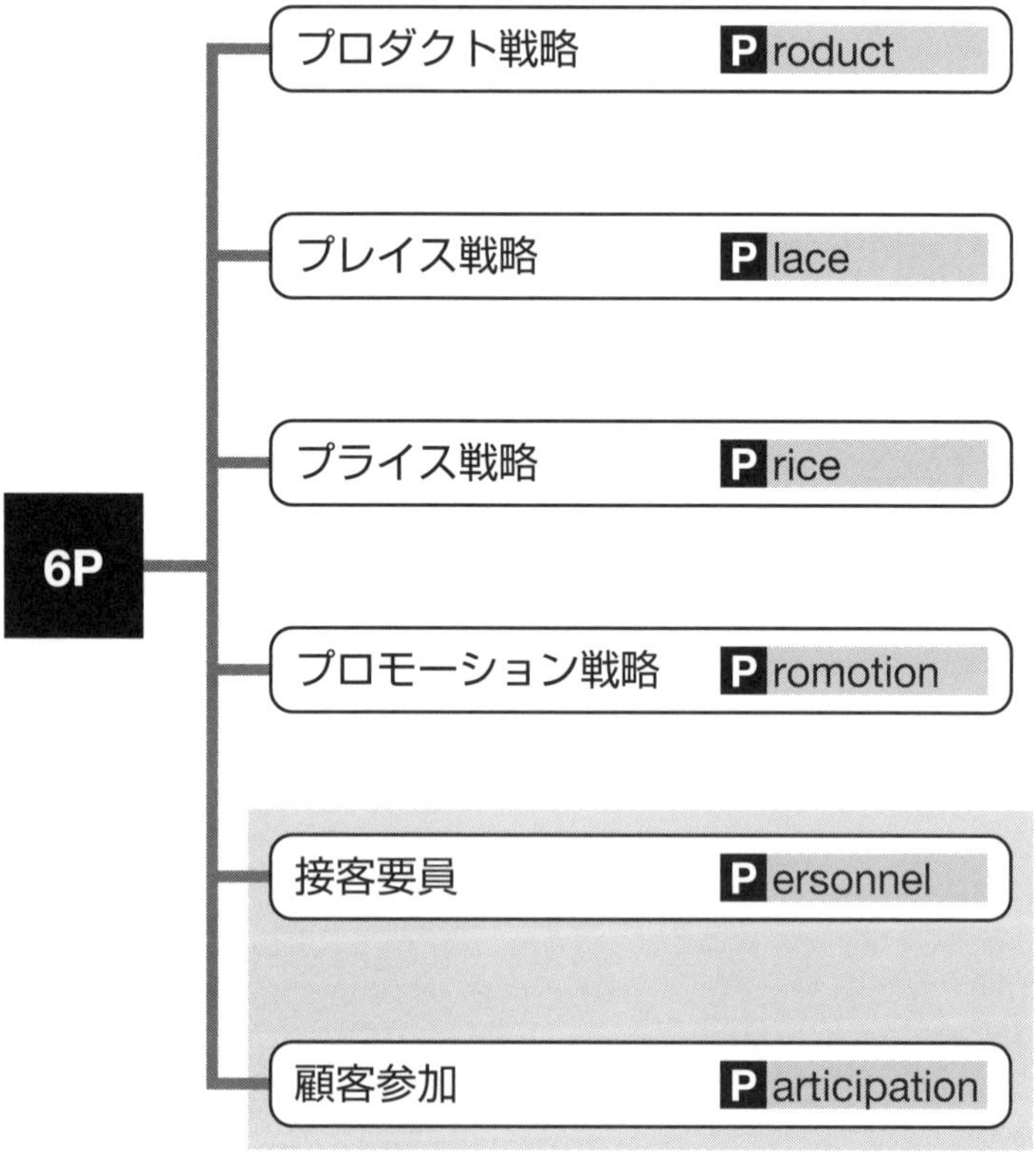

（著者作成）

（Service Customer）が共同して生み出される価値なのだ。

「顧客経験（Customer Experience）」というキーワードがサービスへの注目度が増すに従って、重要視されるようになったのも「モノを所有する」満足から「サービスを経験する」満足へと消費市場がシフトしていることが背景にある。

店舗経営においても、単にモノを売る、食事を出す、という発想ではなく、顧客経験に着目した6Pの視点がより一層重要になっているのだ。

◆アルバイトの戦力化が重要なワケ

さて、話を「人づくり」の話に戻そう。

事業を拡大して店舗の数を増やしてゆこうと思えば、店舗の数だけ店長が必要になる。もちろん、増強しないといけないのは店長だけではない。店長を補佐するマネジャーからアルバイトまで、あらゆる職階で優秀なスタッフを採用したり育てたりしなくてはならないのだ。とりわけ、店舗事業の経営者が何よりも考えなければならないことはアルバイトの戦力化だ。

多店舗展開を行う事業の場合、アルバイトの比率が一般の事業会社よりも高い傾向がある。ファミレスや回転寿司などの外食チェーンであれば、店長とごく数人の社員スタッフ以外、残りすべてがアルバイトであるのが普通だ。

正社員が店長だけということもままある。顧客満足度の高さでは業界で常に1、2位を争う東京ディズニーランドの場合、アルバイトの比率が9割を超えるというのだから驚く。

こうしたなか、店舗事業で接客スタッフの対応が悪かったら致命的だ。外食レストランで食事がどんなに満足な内容だとしても店舗スタッフの接客がひどいものであったとしたら、すべての印象は台無しになってしまうことは容易に想像できる。

「あんな店には二度と行かない！」

とわざわざ来てくれた顧客を怒らせて逃してしまう程、店舗経営者にとっての悪夢はないのである。

先に述べたように店舗事業におけるアルバイトの比率は非常に高い。店の経営を支えるアルバイトの教育が行き届かず、接客に問題があるということになれば、会社にとって致命傷になるかもしれないのだ。

事業を立ち上げて、店舗の数が三店、五店と増えてゆけば、オーナー社長の目が行き届かなくなるのはやむを得ない。だからといって、せっかくの商品を販売する店舗の魅力を台無しにする接客サービスだったとしたら悔やんでも悔やまれないのだ。

アルバイトの戦力化は、多店舗展開で事業の成長発展を目指すには欠くことはできない。いままでは、牛丼の吉野家やブックオフのようにアルバイト出身の社長が活躍している会社すら何社も出現しており、アルバイトの戦力化がいかに重要かわかろうというものだ。

◆顧客ライフサイクルと成長曲線

さて、次頁の図表8−3をご覧いただきたい。

これは、企業が創業してから売上を伸ばし、成長してゆく過程を示した図である。横軸が時間。縦軸が売上を示している。そして、この図はまた、売上の拡大が顧客の新規の獲得（Acquisition）と維持（Retention）の状況と大きな相関があることを示している。

これを事業経営の場合になぞらえると、次のようになる。

新しく事業を立ち上げたならば、まずは顧客を獲得してゆくことが必要だ。アパレルショップであれば、一度来店してくれた顧客には、衣類のデザインや仕立てを気に入ってもらい、接客にも満足してもらって、再び来店してくれるようにする。リピート客の重要性は、第6章で述べたとおりだが、とにかく新たに顧客を獲得（Acquisition）したら再び来店してくれるように維持（Retention）してゆくことが重要になる。

図表 8-3 顧客ライフサイクルと企業成長戦略

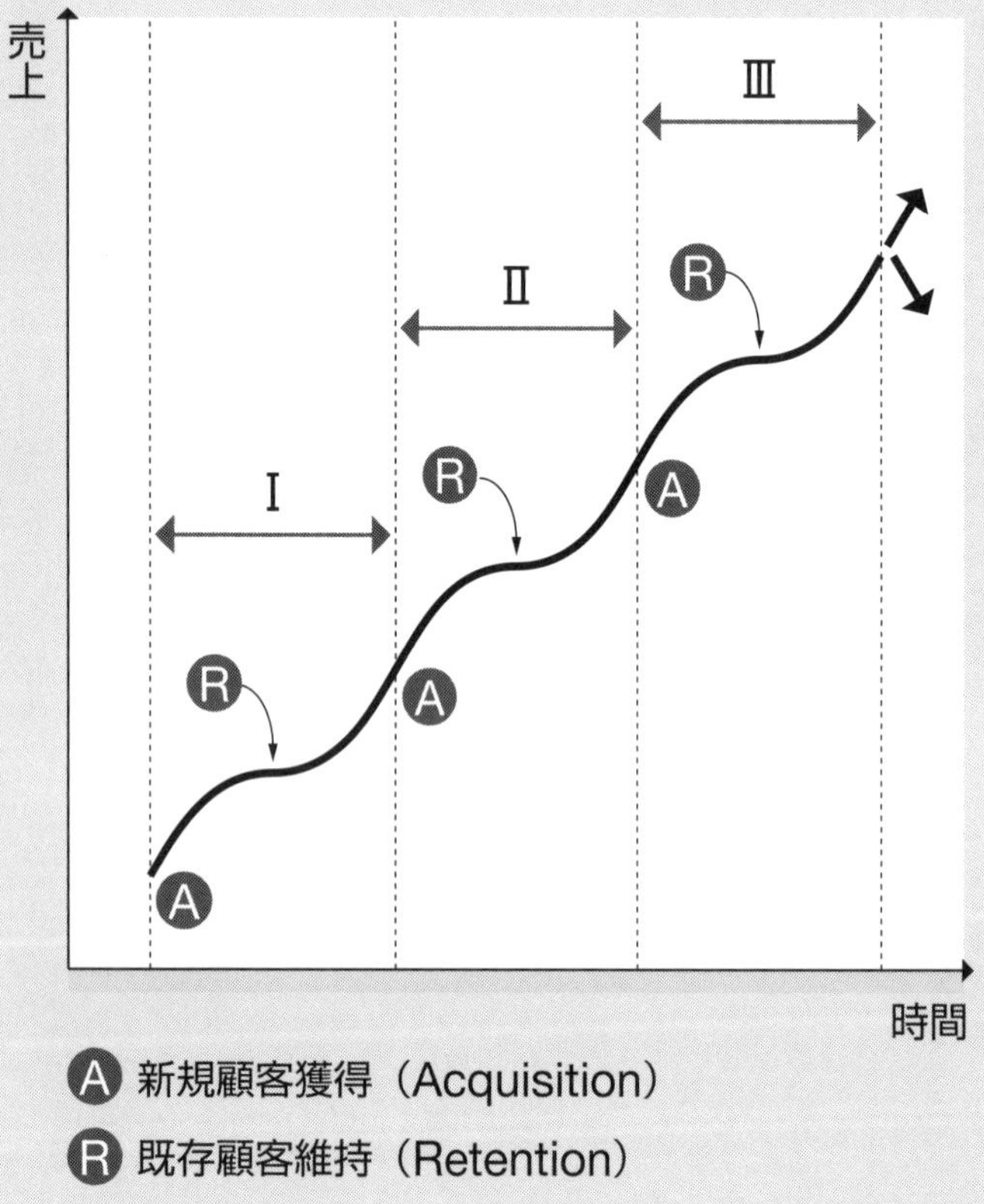

Ⓐ 新規顧客獲得（Acquisition）

Ⓡ 既存顧客維持（Retention）

（著者作成）

これを繰り返してゆくことで、だんだんと顧客の数が増えて、店舗の売上を伸ばしてゆくことができるわけである。しかし、顧客を増やしながら、店舗を増やしてゆく過程で、何度か経営上の危機に直面することが想定されるのだ。

◆マニュアル作成とシステム化

最初に訪れる危機は、「サービス低下による顧客離れ」である。

店舗の出店を加速させ、三店舗、五店舗、十店舗と店舗数が増えてくると、どうしても店舗間の業績にばらつきが出てくる。店舗間の業績のばらつきは店舗間のサービスのばらつきが原因となっていることがままある。また、外食チェーンの場合、味にばらつきが生じては致命的となってしまうが、出店を増やし始めた初期の頃には、味にばらつきが生じてしまうことも稀ではない。

これを避けるには、サービスを標準化するためのマニュアルやシステム化が不可欠になる。店舗を増やせば、そこで採用されるアルバイトへの教育マニュアルも整備する必要があるだろうし、外食チェーンであれば、レシピやメニューはもちろん、店舗の内装や看板なども独自のそれとわかる形で整備してゆくことが必要だ。

多店舗展開を図るには、「店舗テンプレート」を開発してゆくことが必要であるが、それは、独自に培ったノウハウを標準化して、多店舗展開しても、同じ水準のサービスを提供できるようにすることが目的だ。

多店舗展開の方式には大きく直営によるチェーン方式とフランチャイズ方式の2つの方式があるが、フランチャイズ方式でより多くのフランチャイジーを集めてゆくには、独自に開発した「店舗テンプレート」がどれだけ魅力的かが重要な決め手になってくる。

◆新しい顧客のニーズに対応する

第二の危機は、「顧客層の変化によるミスマッチの発生」である。店舗を出店して、時間が経てば、顧客層に変化が生じる。同じ店舗で同じ場所にあっても時間が経てば、商圏自体に変化があるのが普通だ。商圏にあった工場や大学が移転してしまったり、土地の再開発で居住分布が変わったりするなど、想定される原因はさまざまだ。

また、新しい地域に出店すれば、その地域の顧客層に合わせたサービスを提供できないとサービスと顧客ニーズの間にミスマッチが生じてしまうだろう。

回転寿司チェーンの場合でも地域の違いによる顧客のニーズの違いを見出すことができ

る。たとえば、関西では寿司屋でうどんを食べるのは当たり前、関東では赤出汁は人気メニューのひとつ、という具合に関西地域と関東地域では顧客層の食の好みが大きく違うのだ。

米国発祥のスターバックスも店舗数を拡大させるにつれて、顧客層に微妙な変化が生じている。当初から1990年代初頭までは高所得、高学歴の白人のキャリアウーマンが顧客層の中心であった。しかし、店舗数の拡大につれて、顧客層は多様化し、2000年代初頭までの十年間でその中心顧客層の所得・学歴は低下し続け、ヒスパニック系やキューバ系の人たちが増えていったのだ。

新しい顧客層は、「活きたコーヒー」を快適でゆったりとした「第3の場所」で飲む、というスターバックスの基本コンセプトには余り反応せず、むしろ、コーヒー提供のスピードや値段の改善に多くの期待を示す傾向を示したのである。

こうした状況は、スターバックスに限らず、急速に業容を拡大している会社では、たびたび起きている。スターバックスは、これに対し、創業時に確立した基本コンセプトを堅持しながら新しい顧客のニーズにも対応するという選択をしたのだ。それが、同社にさらなる成長をもたらしたのは明らかであろう。

◆ワタミはなぜ失速したのか？　業態の陳腐化にどう対応するか

さて、成長の過程で訪れる三番目の危機は、「業態の陳腐化」である。

多店舗化で次々に出店を行い、何十店、何百店と店舗数を拡大したチェーン店が突然、店舗を閉鎖して倒産したという話を私たちは、時々、耳にする。

最近の例でいえば、居酒屋チェーンの代表格であるワタミがあるだろう。１９９２年に開業した和民は、それまでの居酒屋チェーンが冷凍食品を解凍して提供するコールドチェーンシステムを採用していたのに対して、手作り感と値頃感を武器とした大衆居酒屋として急成長を遂げたのだ。

そのワタミも外食の高級化と多様化の流れのなかで消費者のニーズとのミスマッチが起きて、売上が低迷。さらには長時間労働などのブラック企業問題が追い打ちをかける形で２０１４年度19億1千万円、15年度は、さらに大きな36億9千万円の営業赤字を計上するに至ったのである。

「業態の陳腐化」という現象は、業界の環境変化を10年程度の長期で眺めてみれば、外食業界に限らずあらゆる業界で見聞することができる。たとえば、ＣＤやＤＶＤの販売ショップは、ネット化の流れのなかで、多くが衰退したし、活字離れの社会変化を受けて書店の倒産が相次いでいる。

業態の陳腐化を加速化させる要素は、図表8-4にあるPEST分析から抽出できる。PESTとは、政策的（Political）変化、経済的（Economical）変化、社会的（Social）変化、技術的（Technological）変化による影響を分析するためのフレームワークである。

たとえば、この10年間に外食市場に対抗し得る中食市場が出現したが、これなどは、デフレ化による消費者の相対所得の低下、ライフスタイルの変化などの社会的・経済的な変化によるものであり、中長期的には業態の陳腐化を促す大きな要因となり得る。

こうしたことが必然的に起きると予測できたとしても、店舗数が何十店、何百店と増えてくると、巨艦が簡単に操舵できないのと同様、対策が後手、後手となりがちである。

経営を取り巻く環境は変化して当たり前だ。変化が当たり前ということは、「業態の陳腐化」も避けられないと考えるべきなのだ。だとしたら、経営者は、「業態の陳腐化」を前提とした経営を行わなければならないのは当然の帰結ということになる。

◆事業拡大の成功条件

ビジネススクールの授業で、「事業を拡大するために不可欠なことは何ですか？」と質問

図表 8-4　PEST分析とは

PESTを用いて、経営に影響を及ぼす環境変化の影響度を
分析することができる。
コントロールできない環境変化（与件）と
コントロールできる環境変化に分け、
経営への影響度の大きさを時間軸に沿って評価分析する。

P	**Political（政策的変化）** 例：大店舗法の施行、税金優遇政策、等
E	**Economical（経済的変化）** 例：所得格差拡大、経済のデフレ化、等
S	**Social（社会的変化）** 例：地方過疎化、核家族化、少子高齢化、等
T	**Technological（技術的変化）** 例：スマホの普及、新技術の実用化、等

を受けることがある。筆者は、そこでは、**「嗅覚の鋭さ」**と**「逃げ足の速さ」**と答えることにしている。これは、冗談のように聞こえるかもしれないが、実に重要な能力なのである。

この2つの能力は、すべての経営者に必要であると筆者は思っているが、小売業や外食業、さらにはシャープの例にあるように製造業など変化の激しい市場での競争が求められる業界にあってはいずれも必要な能力である。

社会や経済は変化し続け、街の様相は日々変化している。消費者のマインドは移ろいやすく、流行は一時のものだ。会社経営で成功するには、「変化を前提」とする経営を行うことが肝要だ。変化を前提とした会社経営と不変の顧客価値。両者のバランスを取りながら、経営を行うことは、難しく、そして、とても大切なことなのである。

〈参考文献〉
・『21世紀のチェーンストア―チェーンストア経営の目的と現状』（渥美俊一著／実務教育出版、2008年11月刊行）
・「(株)くらコーポレーション」（慶應義塾大学ビジネススクール20-05-13091）
・『特集　外食の逆襲　2位スシローの一人勝ち　回転寿司の首位も回転他』（週刊ダイヤモンド2011年11月26日号、27頁〜65頁 参照）
・『特集　外食　30兆円産業の新潮流』（週刊ダイヤモンド2010年5月26日号、28頁〜79頁 参照）

第８章のまとめ

１.事業拡大を目指す経営者は、事業経営者としての役割をしっかりと認識する必要がある。それがないままに安易に事業拡大すれば必ず失敗することになる。
２.多店舗化は、事業経営の観点からは難易度が格段に増すが、店舗経営で売上を増やし、事業規模を拡大するには避けられない選択肢である。
３.ただし、資金回収等の事業の収支バランス改善のための多店舗化を加速してゆくと、それが目的化してしまい、いつの間にか、市場とかい離して失敗に終わる。
４.多店舗経営で重要なのは、経営者の鳥瞰的な視点と店舗の現場の視点までを統合する戦略ピラミッドの考え方である。
５.事業拡大を成功させるには、「システム化」と「人づくり」が鍵となる。
６.「システム化」とは、IT(情報技術)などを効果的に用いながら、QSC（品質、サービス、清潔さ）の水準を一定以上に保つ仕組みをつくることである。
７.「人づくり」とは、顧客経験を通じて高い顧客満足度を実現することを目標として従業員教育を徹底し、接客サービスの高い水準を保つことである。
８.そのためには、アルバイトの戦力化について戦略的に取り組むことが必要になる。
９.多店舗化の過程で直面する危機は、「サービス低下による顧客離れ」「顧客層の変化によるミスマッチの発生」「業態の陳腐化」の３つのポイントがある。
10.事業経営で経営者に必要なことは、「嗅覚の鋭さ」と「逃げ足の速さ」である。
11.事業拡大で成功するには、「変化を前提」とする経営を行うことが肝要。
12.変化を前提とした業態開発と不変の顧客価値という両者のバランスを取りながら、経営を行うことは、難しく、とても大切である。

推薦図書

書籍名	著者	出版社
コトラー&ケラーのマーケティング・マネジメント第12版	フィリップ・コトラー（著）、恩藏直人（監修）、月谷真紀（翻訳）	Pearson Education Japan for JP（2008年4月2日）
コトラーの戦略的マーケティング―いかに市場を創造し、攻略し、支配するか	フィリップコトラー（著）、Philip Kotler（原著）、木村達也（翻訳）	ダイヤモンド社（2000年2月）
マーケティング戦略第4版（有斐閣アルマ）	和田充夫（著）、恩藏直人（著）	三浦俊彦出版社：有斐閣：第4版（2012年3月1日）
「マーケティング」の基本と常識―市場のつかみ方から価格戦略、広告戦略までが簡単にわかります！	大山秀一（著）	フォレスト出版（2003年10月1日）
マーケティングの実践教科書［実務入門］	池上重輔（著）	日本能率協会マネジメントセンター（2007年11月30日）
なぜ、ラーメン屋の8割が3年で消えるのか？―事例でわかるMBA式経営入門	鴨志田晃（著）	ぱる出版（2012年12月）

競争の戦略	M・E・ポーター（著）、土岐坤（翻訳）、服部 照夫（翻訳）、中辻 万治（翻訳）	ダイヤモンド社；新訂版（1995年3月16日）
戦略サファリ 第2版 -戦略マネジメント・コンプリート・ガイドブック	ヘンリー ミンツバーグ（著）、ブルース アルストランド（著）、ジョセフ ランペル（著）、齋藤 嘉則（翻訳）	東洋経済新報社；第2版（2012年12月21日）
脱「コモディティ化」の競争戦略	リチャード A・ダベニー（著）、東方 雅美（翻訳）	中央経済社（2011年5月30日）
オープン・サービス・イノベーション　生活者視点から、成長と競争力のあるビジネスを創造する	ヘンリー・チェスブロウ（著）、博報堂大学ヒューマンセンタード・オープンイノベーションラボ（監修）、TBWA博報堂（監修）	CCCメディアハウス（2012年10月20日）
ビジネスモデル・ジェネレーション　ビジネスモデル設計書	アレックス・オスターワルダー（著）、イヴ・ピニュール（著）、小山龍介（翻訳）	翔泳社（2012年2月10日）
経営の未来	ゲイリー ハメル（著）	日本経済新聞出版社（2088年2月16日）

書籍名	著者	出版社
コア・コンピタンス経営 ―未来への競争戦略	ゲイリー ハメル（著）、Gary Hamel（著）、C・K・プラハラード（著）、C・K・Prahalad（著）、一條和生（翻訳）	日本経済新聞社 （2001年1月）
トルネード　キャズムを越え、「超成長」を手に入れるマーケティング戦略	ジェフリー・ムーア（著）、Geoffrey A. Moore（著）、中山宥（翻訳）	海と月社 （2011年2月28日）
キャズムVer.2増補改訂版 新商品をブレイクさせる「超」マーケティング理論	ジェフリー・ムーア（著）、川又政治（翻訳）	翔泳社：Ver.2版 （2014年10月4日）
MAKERS ―21世紀の産業革命が始まる	クリス・アンダーソン（著）、関美和（翻訳）	NHK出版 （2012年10月23日）
経営は何をすべきか	ゲイリー・ハメル（著）、有賀裕子（翻訳）	ダイヤモンド社 （2013年2月22日）
顧客ロイヤルティを知る「究極の質問」 (HARVARD BUSINESS SCHOOL PRESS)	フレッド・ライクヘルド（著）、鈴木泰雄（著）、堀新太郎（著）	ランダムハウス講談社 （2006年9月27日）

顧客はサービスを買っている—顧客満足向上の鍵を握る事前期待のマネジメント	諏訪 良武（著）、北城 恪太郎（監修、監修）	ダイヤモンド社（2009年1月17日）
ハーバード・ビジネススクールが教える 顧客サービス戦略	フランセス・フレイ（著）、アン・モリス（著）、池村千秋（翻訳）	日経BP社（2013年10月3日）
J・D・パワー 顧客満足のすべて	クリス・ディノーヴィ、J・D・パワーⅣ世（著）	ダイヤモンド社（2006年8月25日）
統計学が最強の学問である	西内 啓（著）	ダイヤモンド社（2013年1月24日）
文系でもわかる ビジネス統計入門	内田 学（著、編集）、兼子 良久（著）、斉藤 嘉一（著）	東洋経済新報社（2010年2月26日）
消費者行動論—マーケティングとブランド構築への応用（有斐閣アルマ）	青木 幸弘（著）、新倉 貴士（著）、佐々木 壮太郎（著）、松下 光司（著）	有斐閣（2012年5月12日）
コモディティ化市場のマーケティング論理	恩蔵 直人（著）	有斐閣（2007年7月2日）

エピローグ

◆電機メーカー同期3人組、新事業開発室へ異動！

研修の1ヶ月後から始まった毎月の勉強会も10回目となった年の瀬。仲良し同期3人組は、忘年会をかねて再び集まっている。

しかし、今日の会合は、いつもより盛り上がっているようだ。

「よーし！　俺たちの希望がついに叶ったぞ！」

「そうね！　やってみるものね！」

「あのときは、そこまでは想像してなかったね！」

3人は、ビールも片手に口々にそう言うと、

「とにかく、我々の明日にカンパーイ！」

「乾杯！」

3人は、新しい仕事への期待感で胸がいっぱいのようだ。

小峰、山口、鈴木の同期3人組は研修の後、3ヶ月後に控えた「社内起業家募集プロジェ

クト」への事業提案に応募することを思い立ち、業務の合間を縫って、プロジェクト提案書の作成に没頭していたのだが、何度かの選考会を経て、提出された提案が見事に入賞を果たしたのである。

そして、昨日、今度の3月1日付けで3人に新事業開発室への異動の内示が出たのだ。

「たしかに、これはうれしいことだよな。君たちといっしょに仕事ができるわけだし、自分たちの事業アイデアを実現できる機会をもらえたことが何よりだと思うよ。」

小峰がそう言うと、鈴木も

「そうね。私も新事業の立ち上げを通して、人事の役割をあらためて見つめ直すことができるでしょうし、わくわくするわ。」

「でも、これからだぞ。俺たちの真価が問われるのは。」

山口はいつになく冷静に話し出した。

「そうだな。でも、この前の研修で学んだ経営や事業についての知識を実践に活かしてこそ、本当の意味で経営学が役に立つということになるのだと思うよ。」

「そうね。これからね。私たちもこの機会を捉えて、ビジネスマンとして成長していきましょう。」

「よし！　我々の明日と新事業の成功を祈って、もう一度、乾杯しよう！」

◆使える経営理論を身につけよう

さあ、この本もいよいよ終わりに近づいた。

この本を手に取って読んでいただいた読者の皆さんには感謝申し上げたい。

プロローグでも書かせてもらったが、この本は、「実践ＭＢＡ式経営学の教科書」と題している。

この本では、ビジネススクールで教える経営理論を、ビジネスの「リアルな題材」を通して学ぶことで、理論と実践の垣根を埋めることを狙いとしている。

そういう点では、ビジネススクールで勉強しようと考えている社会人はもとより、すべての社会人の皆さん、これから社会に出ようとしている学生の皆さんが経営理論の入門の入門書として、この本を手に取って活用いただければ幸いだ。

もちろん、経営理論を詳しく勉強したい皆さんは、経営学の専門書を読むことをお勧めする。

この本のサブタイトルで「入社1年目から本当に役立つ～」としているのも、経営学とビジネスの初心者の人にとっても、経営理論と実践をつなぐ修練の意義と重要性を理解してもらいたいとの筆者の願いでもある。

筆者がこの本で伝えたかったこと。それは、ＭＢＡが身につけるべきは、カビの生えた経営理論ではなく、経営理論を実践に生かすスキルとナレッジだ、ということである。

陽明学の始祖である王陽明は「知行合一」を唱えた。

この言葉の意味するところは、「知」は「行」によって深まり、「行」は「知」によって律せられるということだ。経営学のような社会科学は、とりわけ、現実世界との対峙の中から生まれた学問である。

それがゆえ、経営理論を理論に終わらせずに、理論と実践を双方バランスさせながら、両者を学ぶ姿勢が何よりも大切となるのである。

この本を契機として、読者の皆さんが経営理論を学ぶことに一層関心を持つようになり、実践での応用へと意識が高まったならば、筆者としては望外の喜びである。

鴨志田　晃

謝辞

本書は、筆者が教鞭を執っている名古屋商科大学ビジネススクール、京都大学経営管理大学院、デジタルハリウッド大学大学院での専門科目の授業内容をベースに生まれたものです。

ビジネススクールの授業は一方向ではなく、ケース教材を使用した双方向の臨場感あふれる討議を基本としています。

それゆえ、これを担当する講師と授業に参加する社会人学生との知的格闘の場ともなっています。

筆者自身も授業での講師の立場を超え、学生諸君との討議から多くの示唆を得ています。こうした授業の場を通じて経営理論と実践実務をどう関係づけるかという筆者の問題意識も磨かれ、本書に結実させることができました。

本書の刊行に至る授業で真剣に討議に参加いただいた多くの学生諸君に、ここにあらためて、感謝の意を表したいと思います。

また、調査編集でご協力いただいた、多くの調査編集スタッフ各位の努力にあらためて敬意を表します。

本書を執筆するにあたり、多大なるご支援とご助言をいただいたぱる出版の和田智明氏に感謝します。筆者の遅筆にも辛抱強く対応していただき、短い期間での出版にご尽力いただきました。

最後に、休日返上での執筆を支えてくれた家族、朱実、啓、雅に、深く感謝したいと思います。

2015年師走

鴨志田 晃

鴨志田晃（かもしだ・あきら）

横浜市立大学学術院教授。名古屋商科大学ビジネススクール客員教授、デジタルハリウッド大学大学院客員教授、新日鉄住金ソリューションズ（株）取締役を兼務。慶應義塾大学大学院経営管理研究科修了。MBA。博士（工学）。電力会社、大手シンクタンク、外資系コンサルファームの統括パートナー、執行役員他を歴任。早稲田大学、京都大学のビジネススクールでも教鞭を執る。専門は、経営戦略論（サービス科学）。システム工学。近年は、製造業のサービス化やサービス業のサービスイノベーション研究に従事。英国ケンブリッジ大学サービスアライアンス協議会・ボードメンバーとして国際共同研究にも取り組む。

入社《にゅうしゃ》1年目《ねんめ》から本当《ほんとう》に役立《やくだ》つ！

実践《じっせん》MBA式経営学《しきけいえいがく》の教科書《きょうかしょ》

2016年2月12日　初版発行

著　者　鴨《かも》　志《し》　田《だ》　晃《あきら》

発行者　常　塚　嘉　明

発行所　株式会社　ぱ　る　出　版

〒160-0011　東京都新宿区若葉1-9-16

03(3353)2835 ― 代表　03(3353)2826 ― FAX

03(3353)3679 ― 編集

振替　東京 00100-3-131586

印刷・製本　中央精版印刷(株)

ISBN978-4-8272-0971-6　C0034